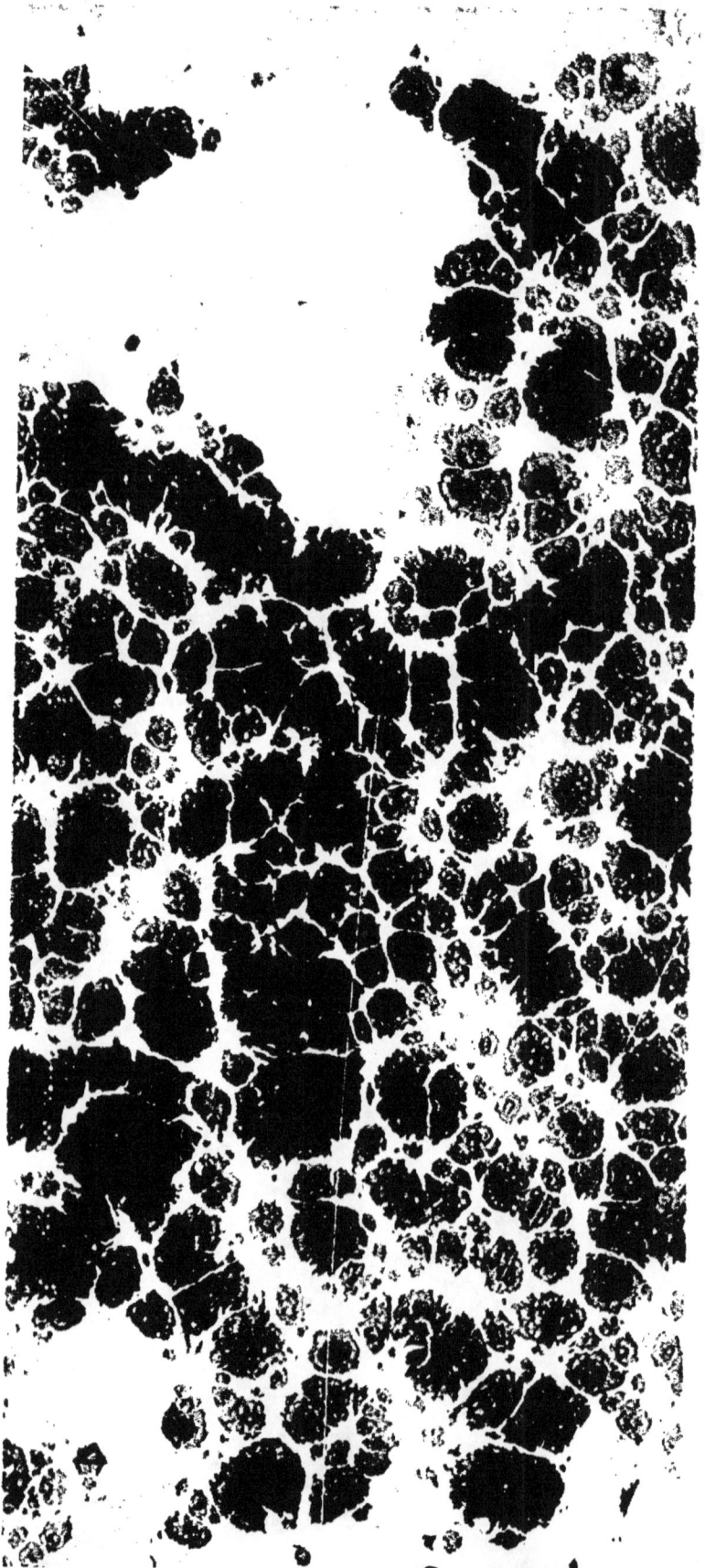

LA MAISON

DE SAUMAISE

LA MAISON
DE SAUMAISE

HISTOIRE GÉNÉALOGIQUE

PAR

M. Jules DU BARD DE CURLEY

CHALON-SUR-SAONE
LOUIS MARCEAU, IMPRIMEUR-ÉDITEUR
5, Rue des Tonneliers, 5
—
M DCCC XCIV

LA MAISON DE SAUMAISE

De Salmasiâ. — De Sarmatiâ. — De Salmariâ. — Salmasie. — Salmasie. — Salmasius. — Salmarius. — Saumaire. — Saulmaise. — Salmaise. — Saumaise.

La maison de Saumaise, qui a possédé plus de quarante fiefs, presque tous en Bourgogne, avait pour armes : *D'azur au chevron d'or*, primitivement *ondé* et plus tard *droit ou ployé, accompagné de trois glands (de chêne) aussi d'or*, remplacés par *trois glands en passementerie avec franges* sur un portrait du docte Saumaise. Quelques-uns y ont ajouté une *Bordure de gueules. Supports : deux sauvages tenant une massue levée d'or. Cimier : une aigle essorante d'or, becquée et membrée de gueules*, substituée à *un chêne d'or*.

Les Saumaise ont porté la couronne des comtes hauts justiciers, le casque de l'ancienne chevalerie, l'épée de Saint-Jean-de-Jérusalem, la croix de Saint-Michel et celle de Saint-Louis. Gouverneurs et chefs des armes de la ville de Dijon, capitaines de Vergy (*Vergeiacum castrum quod erat inexpugnabile*, offert comme lieu de refuge par Louis VII au pape Alexandre III), ils se sont fait remarquer dans les armées de Bourgogne, de France, de Hollande, de

1

Suède, de Suisse et de Venise. On les a vus remplir les cours souveraines.

Des jurisconsultes comparables et comparés à Papinien et des magistrats d'une énergie antique ont honoré leurs noms. Ils ont donné à l'Église des prêtres de grande doctrine et un général de l'Oratoire. Quant aux savants sortis de cette race, il suffit de citer Claude de Saumaise. Les femmes de cette maison, Dames de la cour de la reine et religieuses de différents ordres, ont brillé par la beauté, l'esprit et la vertu. Quelques-unes ont exhalé l'odeur de la sainteté.

I

ORIGINES

La noblesse de la maison de Saumaise a été rendue incontestable par suite d'un fait dont les auteurs poursuivaient certainement un autre but.

Les habitants de Vezelay prétendirent soumettre à l'impôt de la taille un membre de cette famille, Daniel. Celui-ci en appela à la Cour des Aides. La Cour rendit en 1613, après un examen approfondi, et toutes chambres assemblées, un arrêt qui déclare les Saumaise nobles d'extraction et établit leur généalogie jusqu'à Odo de Saumaise, gouverneur et chef des armes de la ville de Dijon en 1277. La Cour s'arrêta là, attendu qu'il n'était pas nécessaire d'aller plus loin pour exempter Daniel de Saumaise de l'impôt de la taille.

Quant aux origines de cette maison, il faut noter la descendance directe des comtes de Saumaise, l'alliance avec les Chasans et la descendance, par le côté maternel, des sires de Vergy. Les principaux historiens de Claude de Saumaise font remonter ce savant à Reynold, comte de Saumaise, en 1050.

Citons de suite les textes, dans une traduction que tous pourront contrôler.

TRADUCTION d'un extrait de la préface latine des lettres de Claude de Saumaise par Antoine Clément.

« Je commencerai par dire que les ancêtres de Claude de Saumaise, le prince des érudits, ne le cèdent en antiquité à aucune famille de l'Europe et sont tellement illustres qu'ils ne connaissent au dessus d'eux que les rois et les princes. Leur nom vient d'un territoire fort ancien ou plutôt d'une place forte de la Bourgogne occidentale, presque à moitié chemin entre Dijon et Semur, qui de nos jours encore est justement fière de s'appeler Salmaise.

» Mais en quelle année cette famille a-t-elle paru? Quelle est sa véritable origine? C'est ce que nous ignorons, grâce à l'incurie des hommes de cette époque et à leur peu de soin de transmettre leur mémoire à la postérité. Nous savons cependant que déjà en mil cinquante ou à peu près, c'est-à-dire lorsque l'antique Bourgogne se divisait en duché et comté, Reinold de Saumaise se distinguait au milieu des grands de cet État par l'étendue de son pouvoir et l'éclat de sa naissance : les plus anciennes annales manuscrites en font foi.

» Si à partir de Reinold, il me fallait développer sans lacune ni obscurité la généalogie des très puissants et très illustres Saumaise, dire ce que chacun d'eux a été, de qui il est né, les honneurs dont il a joui, l'époque où il a vécu, cela me serait aussi facile que de prouver qu'il fait jour quand le soleil luit, tant les documents que je possède sont authentiques, tant est précis l'écrit que j'ai entre les mains. Mais une énumération de ce genre est du domaine de l'histoire et aurait sa place ailleurs. Ce que je déclare ici suffira pour dissiper les doutes que, témérairement et bien inutilement du reste, on ose élever sur la noblesse de notre Saumaise, comme si elle n'était pas des plus célèbres dans les plus vieilles annales.

» Les deux fils de Reinold, Gauthier et Wallon,

ayant laissé l'un et l'autre une postérité, leur famille se partagea nécessairement en deux branches. La terre de Salmaise échut à Gauthier qui était l'aîné : puis de main en main elle arriva à Estienne IV (*e*) qui n'eut pas d'enfants et la donna, en mil trois cent trente-trois, à Robert de Bourgogne, comte de Tonnerre, fils du duc Robert II. Plus tard, elle appartint quelque temps aux ducs : de là le nom plus glorieux de Salmaise-le-Duc. Enfin, en vertu des lois en vigueur dans le comté, elle passa successivement aux petits rois de Chalon, aux princes de Condé, aux Hogberg, aux comtes de Soissons, aux ducs de Longueville, tandis que ses revenus, toujours croissant, s'élevaient à plus de vingt-cinq mille florins. Cela suffit, ce me semble, pour montrer à quel degré de puissance et de grandeur était parvenue la maison de Saumaise. A la vérité, c'est de Wallon, second fils de Reinold, que descend notre Claude ; mais sa branche a la même origine que les comtes de Saumaise.

» Cette branche, d'ailleurs, qui reconnait Wallon pour chef, fut comme l'émule de l'autre, et parvint presque au même degré de puissance et de grandeur.

» Elle ne perdit rien de son éclat en perdant ses droits sur la forteresse de Salmaise ; car aux premiers rangs de la plus puissante noblesse, dès la formation des États de Bourgogne, les Saumaise surent conserver toute leur importance et toute leur considération. Que Wallon de Saumaise ait été un des plus grands seigneurs de Bourgogne, c'est ce dont fait foi un document qu'André du Chesne a extrait des archives de l'église de Saint-Bénigne de Dijon, et transmis dans son Histoire de nos ducs. Ce document est si rare aujourd'hui que nous croyons à propos de le traduire ici. »

TRADUCTION d'un extrait de la vie latine et manuscrite de Claude de Saumaise, dit le docte, par M. Phil. de la Marre, conseiller au Parlement de Bourgogne, dont la copie, faite par l'abbé Papillon, a été léguée à la Bibliothèque de Dijon par M. Baudot.

« … Avant d'en venir à la vie de Saumaise, j'ai voulu parler un peu, mais suffisamment, de sa famille, dont, jusqu'à ce jour, personne n'a mis en doute l'ancienneté et la noblesse; et s'il se trouvait quelqu'un dans ce cas, il serait certainement facile de le convaincre de mensonge et de calomnie, soit par la renommée qui ne se trompe pas toujours, soit par les archives et les monuments publics. Son origine et son nom viennent du château de Salmaise, appelé par les uns *Saumaire* et par d'autres *Saumaise*, avec le titre de comté. Ce château, assis sur une roche élevée à deux lieues seulement d'Alise, dont les Commentaires de Jules-César font mention, domine l'Auxois dans toute son étendue. Comme il me tarde de passer à autres choses, celui qui voudra faire plus ample connaissance avec la généalogie de cette très noble maison, devra consulter les registres du Parlement de Dijon et de l'ordre de Saint-Jean-de-Jérusalem à Malte, qui l'ont confirmée dans son antique noblesse et lui ont fait réparation d'honneur après de sérieux examens.

» De cette maison sortait Wallon de Saumaise, qui au nom de Hugues, duc de Bourgogne, scella de son sceau la charte au sujet de la moitié de la monnaie dijonnaise, en l'an onze cent un, indiction IXe. A cette époque l'écriture était remplacée par l'impression d'un sceau pendant qui était le privilège des gentilshommes et surtout des chevaliers. C'est de lui que descendait en

ligne masculine et au treizième degré Claude de Saumaise dont j'écris la vie. Je me permettrai donc de
donner Wallon de Saumaise pour chef de cette très
noble maison ; sur la foi des archives de Saint-Bénigne et
malgré la connaissance que j'ai de l'arrêt de la Cour des
aides de Paris qui la fait remonter à Odo de Saumaise,
postérieur de plus d'un siècle à Wallon dont je viens de
parler. Quoi qu'il en soit, tout le monde sait que, dès
ce temps-là, les Saumaise faisaient partie des principaux feudataires de la Bourgogne et se distinguaient
par l'éclat de la plus ancienne noblesse ; et je ne m'arrê-
terai pas aux bruits répandus par les détracteurs de
notre Saumaise qui, suivant eux, se vantait de descendre
de la première race des ducs de Bourgogne et même
des rois très chrétiens, bien que cela soit faux et fait
pour exciter la jalousie : c'est ce qu'atteste une lettre
adressée à Nicolas Hésisius par Jacques Du Puys, qui
ayant toujours vécu dans la plus grande intimité avec
Saumaise, ne lui a jamais entendu dire rien de semblable à l'endroit de sa famille. Je l'admets très volontiers, tout en admettant que Wallon, chef de la maison
de Saumaise, était allié de nos premiers ducs, ce qu'il
avait de commun avec plusieurs familles de Bourgogne. »

Telles sont les assertions des historiens. Il n'y a rien
de plus catégorique. Philibert de la Marre est à la fois
moins emphatique et plus documenté qu'Antoine
Clément. Il cite, à l'appui de son affirmation, les archives de Saint-Bénigne, du parlement de Bourgogne
et de l'ordre de Malte. Tout le monde, en ce temps-là,
pouvait consulter ces archives. Le doute de Clément
et ses réserves portent uniquement sur la première
origine des comtes de Saumaise. Quant au reste, il y
a certitude. Philibert de la Marre va jusqu'à donner

le nombre des générations qui séparent Claude de Saumaise de Walon et en compte 12. Nous pensons qu'il se trompe et qu'il faut en mettre 13. Mais c'est là un détail secondaire, puisque des générations nous manquent, de 1100 et quelques années aux environs de 1250. Nous arriverons, en constatant les points indubitables, à une conclusion. Le premier fait inco- testable est l'existence du fief de Saumaise (Salmasia, Salmassa, Sarmatium, castrum Sarmacum, Sarmatia, Somase, Samoise, Somèse, Saumaise, Salmaise), comme centre d'un comté remontant au moins au Xe siècle et situé en Bourgogne. Salmaise subsiste. On remarquera qu'il n'y eut jamais d'autre fief en Bourgogne de ce nom, ni même approchant de ce nom, ou des variantes de ce nom. Ceci est très impor- tant.

Reynold, comte de Saumaise, laissa deux fils, Gauthier et Walon. Gauthier eut le comté et le transmit à sa descendance. Le dernier possesseur fut Étienne IV de Mont-Saint-Jean, qui, pour une raison ou pour une autre, le céda au duc. Le comté a donc échappé à Walon et à sa descendance d'une façon absolument légale. Que devient après cela l'assertion de Courtépée, ainsi conçue : « Ce bourg... n'a point donné son nom, comme quelques-uns l'ont cru, au docte Saumaise, dont la famille ne l'a jamais possédé, ayant toujours été doma- nial depuis le XIVe siècle. » Cette argumentation ne frappe personne, car nous ne faisons pas les Saumaise possesseurs du fief de Salmaise durant le XVe siècle, ni même descendants d'Étienne IV, dernier comte de Saumaise. En somme, nous arrivons par documents historiques certains jusqu'à Walon, grand feudataire de Bourgogne en 1100, et issu des comtes de Saumaise.

Par d'autres documents, nous remontons à Odo de Saumaise, gouverneur et chef des armes de la ville de Dijon en 1277 et à Étienne de Saumaise, chevalier et seigneur de Chasans et de Messanges vers 1250. L'arrêt de 1643 remonte jusqu'à Odo et les chartes de Saint-Vivant jusqu'à Étienne, père d'Odo.

Étienne est aussi mentionné dans l'arrêt. Nous avons donc une longue série de générations, s'étendant du XIII° siècle au XVII°, et portant toutes le même nom, celui de Saumaise. Il n'y a pas à épiloguer là-dessus. Ce nom fut évidemment à l'origine un nom de fief. Les chartes où figure Étienne commençaient ainsi : Nos Stephanus, Dominus Salmasiæ, Nous Étienne, seigneur de Saumaise (Salmaise). Or, Étienne ne possédait pas ce fief. Salmaise était donc possédé par ses ascendants. C'est la conclusion la plus naturelle. Nous allons voir qu'elle est inévitable. Les documents font défaut d'Étienne à Walon. On trouve, il est vrai, dans les archives de Dijon, Barthélemy de Saumaise, qui paraît antérieur à Étienne et qui fait une fondation en 1250 pour avoir sa sépulture dans l'église de Notre-Dame. Mais comme le degré de sa parenté avec Étienne ne peut s'établir exactement, nous sommes forcés de nous arrêter à Étienne. La noblesse ininterrompue d'Étienne et de tous ses descendant est un fait acquis. Ce fait nous permet de franchir l'espace qui sépare Étienne de Walon. Étienne n'est pas un anobli. Il est chevalier, allié aux premières familles du pays et se sert d'un sceau pendant. La noblesse ne commence pas ainsi. Le père d'Étienne était donc gentilhomme, et nous voilà reportés à une époque où les anoblissements n'étaient pas connus. La famille des Saumaise remonte donc comme famille noble jusqu'au temps de Walon

au moins. Par conséquent si Étienne ne descend pas
de Walon, il faut dire qu'en 1200, deux familles nobles
habitaient le même pays et portaient le même nom, un
nom de fief, d'un fief titré et certainement du même
fief, sans être issues du même sang. Cette conclusion
n'est pas admissible. Encore une fois, il n'y eut jamais
en Bourgogne qu'un fief de Saumaise. C'est donc à
bon droit que les historiens font remonter les Saumaise
à Walon de Saumaise et par Walon aux comtes de
Saumaise.

D'après Philibert de la Marre, Walon de Saumaise
était allié aux ducs de Bourgogne de la première race
(premiers Capétiens). L'auteur ajoute qu'il eut cela de
commun avec plusieurs autres familles de Bourgogne,
et ceci ne doit pas étonner. Pendant près de cinq
siècles, des princes de la maison de France gouvernèrent
directement le duché de Bourgogne, y séjournèrent et
y contractèrent des alliances. L'alliance des Saumaise
avec les Chasans vint resserrer ces liens de parenté.
Car les Chasans se glorifiaient de leur alliance avec
les ducs, et portaient les armes même de l'ancienne
Bourgogne. Cette alliance des Saumaise est leur première alliance connue. Elle eut lieu vers 1250 par le
mariage d'Étienne avec l'héritière universelle des
Chasans. Ce fut par là que le fief de Chasans vint aux
Saumaise pour rester à leurs lignes masculines jusqu'au
milieu du XVIIe siècle. Les Saumaise prirent le nom
de Chasans comme un second nom de famille, et alors
même qu'ils n'avaient aucune part dans le fief réservé
aux aînés. On vit les armes des Saumaise et des
Chasans accolées dans les écussons d'alliance.

Un mot maintenant sur les Vergy. Les Vergy avaient
pour armes *trois quintefeuilles d'or sur fond de*

gueules; pour devise: *Sans varier;* pour cri de guerre, *Vergy et Notre-Dame.* Le premier seigneur de Vergy connu est saint Guerin, martyrisé en 676 par les émissaires d'Ébroin. Il était fils de Bodilon, leude franc, et de sainte Sigrade, et frère de saint Léger, évêque d'Autun. Saint Léger avait donné à son église cathédrale la terre du champ d'Ostre, située sur la Saône et composée de quatre villages. Le huitième ou septième successeur de saint Guerin dans la seigneurie de Vergy, à savoir Manasses I le Viel, cassa la donation de saint Léger, prétendant qu'il en avait le droit comme descendant de saint Guerin. La donation fut restituée par Walon, fils de Manasses, devenu évêque d'Autun. Tous les documents de cette affaire se voyaient dans les archives d'Autun avant la Révolution. Ce Manasses fait grande figure dans l'histoire de Vergy. Il aida le duc Richard à écraser les Normands, et un de ses fils, Gineste, devint lui-même duc de Bourgogne. Manasses fit transporter à Vergy les reliques de saint Vivant, et éleva sur les tombeaux de saint Guerin et de saint Vivant l'abbaye de Saint-Vivant. Ce monastère, qui dura du commencement du X⁵ siècle à la fin du XVII⁵ siècle, renfermait dans ses archives l'histoire des principales familles du pays pendant 900 ans. D'après ces archives, il n'y eut jamais au château de Vergy, de la fin du XIII⁵ siècle au commencement du XVII⁵, que trois logis, un pour le duc et ensuite pour le roi héritier du duc, un second pour le chapitre, et un troisième de grande apparence pour les Saumaise, gouverneurs du château. Ceux-ci sont qualifiés « de haute noblesse et chevalerie » et appelés indifféremment Chasans ou Saumaise. La première mention de cette troisième habitation date de 1320 et

le propriétaire en 1608, c'est-à-dire au moment de la
destruction du château, était François de Saumaise de
Chasans, procureur général de la Chambre des comptes.
La position des Saumaise comme capitaines de Vergy,
leur présence dans cette forteresse pendant les troubles
de la guerre de Cent-Ans, l'habitation dont ils eurent
si longtemps la propriété dans l'enceinte s'expliquent
peut-être par la parenté des Saumaise et des Vergy.
Cette parenté vint aux Saumaise par les Chasans. Une
alliance entre les Chasans et les Vergy, entre deux
grandes familles dont les fiefs se touchaient est si
naturelle qu'on pourrait l'induire, même sans documents. Mais il y a une attestation authentique du fait
dans le nécrologe de Cluny signalant l'union, avec
postérité, de Bertrand, seigneur de Chasans et d'Adélaïde de Vergy. Les Vergy étaient alliés à presque
toutes les maisons souveraines de l'Europe. Le dicton
était « nobles de Vienne, preux de Vergy, riches de
Chalon et bons barons de Bauffremont ». Nous place-
rons Étienne au premier degré, parce qu'il est le premier sur lequel nous ayons des détails. En réalité, il
est au VIIIᵉ degré.

I Milo, comte de Saumaise.
II Humbert, comte Saumaise.
III Reynold, comte de Saumaise (1050).
IV Walon de Saumaise (1100).
V...
VI...
VII Barthélemy de Saumaise (1200, degré de parenté
     inconnu).
VIII Étienne de Saumaise (1220).

II.

HISTOIRE GÉNÉALOGIQUE

Ier DEGRÉ (8)

Étienne de Saumaise, chevalier, seigneur de Cha-
ns et de Messange (Stephanus, dominus Salmasiae,
iles). En 1269, il assista et consentit à la vente que
han de Châteauneuf faisait, à l'abbaye de Cluny de ses
ens situés à Messange, dépendant du fief de Chasans.
n existence en 1290, est attestée par un autre docu-
ent, extrait comme celui de 1269, des archives de
bbaye de Saint-Vivant. Ces deux documents, relatés
ns l'arrêt de la Cour des Aides de Paris de 1613, et
ns le procès-verbal d'enquête de 1641, conservaient
core trois glands sur le sceau à moitié brisé d'Étienne.
« Stephanus deinde et Odo de Salmasia, Annis ab
ne quasi quadringentis posteritati suae splendorem
ociliarunt. Ille enim ducta in Uxorem nobilissima
atrona ex illustri et praepotenti Chasantiorum
amilia, quae ipsos Burgundiae Duces propinquo admo—
m consanguinitatis gradu contingit atque eadem
m illis arma, sive insignia suae Gentis ostentat, cum
la ex tam augusta Domo superesset, omniumque
ominiorum relicta ex asse haeres, factum ut tam
aeclaro conjugio, ad illustre Salmasiorum nomen,
au, alterum Chasantiorum, illi et dignitate et poten-
i suppar, non dissolvendo nexu accederet, et tam

splendide unitum ad omnem Generis sui posterita-
tem transmitteretur. »

« Dans la suite, Étienne et Odo de Saumaise,
ajoutèrent de l'éclat à leur nom. Le premier épousa
une noble dame, seule descendante et héritière universelle de l'illustre et puissante famille des Chasans... »

Antoine Clément ne nous donne pas le nom de cette
héritière. Philibert de la Marre ne nous le donne pas
non plus. Mais le rapprochement des dates permet de
croire que c'était Marie de Chasans, pour laquelle
Humbert de Chasans fonda un anniversaire en 1280.
Elle était fille de Bertrand, seigneur de Chasans et
d'Adélaïde de Vergy. Elle était, par conséquent, sœur
d'Yves II, abbé de Cluny en 1275, et d'Aymond,
chambrier du même monastère et administrateur du
prieuré d'Arcenant en 1277, 1281, 1286. Il est probable
qu'elle avait un troisième frère dans la personne de Nicaise
de Chasans, commandeur des Templiers à Annonay,
en 1264, que l'abbé Filliol déclare originaire de cette
ville, sans en donner la preuve. Du reste, Nicaise
n'était pas le seul Bourguignon fixé à Annonay,
puisque d'après cet écrivain, vivait, à la même époque,
Jehanne de Vergy, dame de Fontaine-Française, mariée
à Artaud II, baron de Roussillon et d'Annonay, de la
maison des anciens comtes de Roussillon. Jehanne
était parente des derniers Chasans, dont la mère était
une Vergy. Étienne eut entre autres enfants Odo ou
Eudes et Humbert, destiné sans doute à relever le
nom de *Chasans*, et, pour ce motif, fonda l'anniversaire de 1280.

Guy (*alias* Guyon ou Guidon) de Chasans, chevalier
mentionné dans trois actes de 1280, 1290, 1303
(Archives de Saint-Vivant : arrêt de 1613), est présenté

comme *Saumaise*. Il en est de même de Bertrand de Chasans, chevalier, qui en 1381 : *Ordonne sa sépulture en l'église et cimetière de Saint-Vivant, auprès de ses prédécesseurs, soixante livres pour fournir le luminaire de ses obsèques, et cent livres pour la célébration des messes qui devaient se dire.*

Dans son Histoire manuscrite de Saint-Vivant, dom Simon Crévoisier rapporte en ces termes, le premier acte où se lit le nom de Guy : *En l'an 1289, Guy de Chasans, chevalier, fit vente d'un de ses hommes et sujets de Messange, nommé Jannon, sa femme Damon, ses enfants Arnoux et Clément, avec leurs noir et biens, à l'Abbé de Cluny et à son couvent, à la réserve de la haute et petite justice, par charte de la diete année.*

Citons encore deux actes extraits de la même Histoire :

1° *En l'an 1397, Huguenin d'Epiray (alias de Rabutin), gendre de Bertrand de Chasans et mari de Philiberte de Chasans, promet au couvent et religieux de Saint-Vivant, de payer la tierce partie des legs et aumônes faits à la diete église de Saint-Vivant, par le dict frère Bertrand (plus loin l'abbé Bertrand) de Cluny.*

2° *Par un traité entre le Chapitre de Saint-Denis-de-Vergy et le seigneur de Chasans, au fuict des terres de Chambeuf, au feuillet vingt-huit, il est faict mention de Barthélemy de Chasans, écuyer, seigneur du dict lieu, en l'an 1415, au mois de juin; et, au feuillet trente-deux, de Louis de Chasans, en l'an 1491.*

Tous ces Chasans, étant regardés comme des *Saumaise*, par les religieux de Saint-Vivant, si bien placés pour distinguer les deux familles, il est tout naturel de les inscrire à la suite d'Étienne, dont la paternité est évidente. Il y en a beaucoup d'autres qui auraient les mêmes droits, et dont les noms sont consignés dans les archives départementales de la Côte-d'Or. Ces noms échelonnés de 1276 à 1699, se divisent en trois catégories. Le premier, celui de Bonne, veuve de Gérard de Chasans, appartient aux anciens Chasans. D'autres, les premiers et les derniers, appartiennent aux Saumaise, comme on le verra dans la suite. Enfin, il en est, dans le XIVᵉ et XVᵉ siècle, que nous n'avons pu contrôler. A qui sont-ils ? On ne peut faire que quatre suppositions. Ils sont, ou à des Saumaise, comme les précédents, ou à des Chasans de branche cadette, ayant survécu à la branche aînée éteinte dans les Saumaise, ou à une famille venant des Chasans par les femmes et distincte des Saumaise, ou à une famille n'ayant d'autre rapport avec les Chasans que le nom. La première supposition nous paraît la plus plausible.

Ces noms douteux répondent à une époque où il y avait peu d'ordre dans les registres publics et où, par une coïncidence à remarquer, la généalogie donne un seul Saumaise par degré. Est-il admissible que du XIIIᵉ au XVIIᵉ siècle et durant sept générations consécutives, les Saumaise se soient propagés par fils unique ? Évidemment non. Il y a eu d'autres Saumaise que ceux de la généalogie. Ces Saumaise ont vécu dans le pays, et dans leur fief de Chasans. Comment n'auraient-ils pas été connus sous ce nom ? Je ne parle même pas de la pensée qu'ont pu avoir des cadets de la maison de Saumaise, de relever le grand nom de Chasans. L'usage universel qui faisait donner aux seigneurs le nom de leur fief, eût suffi pour faire connaître les Saumaise sous ce nom. Nous savons que les capitaines

de Vergy eux-mêmes (Saumaise incontestablement)
étaient pour toute la contrée les capitaines de Chasans.
De là, à passer sous ce nom dans les registres publics,
à propos de finances ou de dénombrement, et dans des
cas plus solennels, comme par exemple, des contrats
de mariage, il n'y avait qu'un pas. On sait la négli-
gence qui régnait dans ces sortes de choses, avant le
XVI° siècle. Pourquoi un fait si facile à se produire,
ne se serait-il pas produit ? Comment concevoir que les
Saumaise dont nous parlons auraient vécu pendant
trois siècles dans le pays, eussent été connus pendant
trois siècles comme Chasans, et pendant trois siècles
n'eussent paru dans aucune affaire de finances ou de
dénombrement, ni sous le nom de Saumaise, ni sous
celui de Chasans ? Comment cela pourrait-il se comprendre, alors qu'une autre famille, du même pays et
du même nom, ait paru dans nombre de ces actes ? Il y
aurait là un point inexplicable. On comprend très bien,
au contraire, que les Saumaise en question, aient
échappé au fil généalogique de leur maison, sous ce
nom de Chasans. Le contrôle de ces noms, impossible
dans ces temps éloignés, redevint possible au XVI°siècle,
quand on put retrouver des Saumaise dans les Chasans
des registres, grâce enfin aux actes d'état civil.

La supposition d'une branche cadette de Chasans,
n'enlèverait pas aux Saumaise tous les noms douteux
des registres, car notre raisonnement subsisterait.
Les deux dernières suppositions ne s'appuyant sur
rien, peuvent être négligées.

Nous donnerons ces noms en appendice.

Les armes des Chasans sont : *Bandé d'azur et d'or
de six pièces* (qui est de Bourgogne ancien), la seconde
bande chargée de trois mâcles (losanges) de gueules.

IIᵉ DEGRÉ (9)

Odo de Saumaise, ou Eudes de Salmaise (Odo de Salmasiâ seu Salmariâ) que Courtépée appelle à tort *Hugues* et que nous appellerons *Odo*, pour le distinguer de son petit-fils, suivant en cela, l'exemple de l'arrêt de 1643.

Étant mayeur ou maire de Dijon, en 1276-1277, Odo fut interdit par le duc Robert II, à cause des difficultés survenues au sujet du paiement d'un impôt de 500 marcs et réintégré peu après dans la crainte d'une révolte. Il fut simplement *mayeur*, la vicomté et la justice n'ayant pas encore été réunies à la mairie, ce qui n'eut lieu qu'en 1284, en faveur de Guillaume de Pelvy. Le nom de la femme d'Odo est inconnu : on sait seulement qu'il eut un fils, nommé Jehan, dont il sera question au troisième degré.

Odo avait rempli ses fonctions de mayeur à la satisfaction de ses concitoyens, puisqu'ils lui confièrent la même année, celles de gouverneur ou chef des armes de la ville, qu'il exerça dignement de 1277 à 1288. Nous en avons la preuve dans un extrait en parchemin, tiré des registres de la chambre du conseil, sur la requête du comte de Clermont et de Tonnerre, dont les enfants descendaient par les femmes de la maison de Saumaise et sollicitaient leur entrée dans l'ordre de Malte.

Antoine Clément remarque que Odo était, comme

son père, seigneur de Chasans : « Alter, qui ejus filius fuit, Odo de Salmasia, et tunc quoque, Chasantii Dominus. »

Voici le texte de l'arrêt, sur la descendance d'Odo :

« Faits de généalogie..., que de Odo (alias Eudes) de Saumaize qui vivait en l'année 1277, était issu Jean de Saumaize... et du dit Jean et de dame Bonne de la Roire (alias Rorée) était descendu Eudes de Saumaise, gouverneur du château de Vergy..., dudit Eudes était issu Hugues de Saumaize..., que dudit Hugues de Saumaize était issu Hiérôme de Saumaize, seigneur dudit Chasan, qui prenait qualité de chevalier..., et dudit Hiérôme de Saumaize était issu Jean de Saumaize, seigneur de Chasan..., que dudit Jean de Saumaize et de demoiselle de Scotefer, dame de Brémonde, en Champagne, était issu François de Saumaize, conseiller et maistre des comptes à Dijon, etc., etc., etc.

» Les dists faits accordés par notre dist Procureur-Général... »

IIIᵉ DEGRÉ (10)

Jehan de Saumaise avait épousé Bonne de la Roire ou de la Rorée, dont il eut un fils, Eudes, qui suit et deux filles, Aymée et Renée, ensevelies avec leur père et leur mère, au grand cloître des Jacobins (Dominicains) de Dijon, du côté du réfectoire. Sur la pierre tombale on lisait : « Sy gist Bonne de la Rorée et messire Jehan de Saumaize, Aymée et Renée, ses filles, l'an mil trois cens trente-six. » Et, l'on voyait un écu portant un *chevron ondé accompagné de trois glands* (Arrêt de la Cour des Aides de Paris, en 1643).

La tombe ci-dessus décrite étant une tombe commune et plutôt la tombe de Bonne de la Rorée, que celle de Jehan de Saumaise, l'épitaphe ne contient pas les qualités de celui-ci. Mais, nous lisons dans les archives de la Côte-d'Or :

« 1320. Jehan de Chasan tient du duc (Eudes IV), à Chasan et à Chambolle, sa maison par terre et seize livres de terre et une maison ou (au) château de Verger (Vergy). »

Cette maison, au château de Vergy, est celle des Saumaise, dont nous avons parlé plus haut, puisqu'il n'y eut jamais que celle-là, avec le logis du chapitre et celui du duc ou du roi. On peut même en conclure, ce nous semble, que Jehan de Saumaise était déjà gouverneur du château de Vergy, comme vont l'être les quatre générations de Saumaise, qui le suivent immédiatement. Quant au nom de Jehan de Chasan, est-il étonnant que Jehan de Saumaise, fils et petit-fils des seigneurs de Chasans, ait hérité de ce fief et en ait porté le nom dans les registres publics ?

« Chambre des comptes de Dijon (1320).

» Ce sont les fiefs de la Chastellerie de Verger.

» Guillemin de Commarien, tient de mon seigneur cent sols de terres, assises à Chivagny.

» Jehanz de Chasans, tient de mon seigneur à Chasans et à Chamboles, sa maison par terre et seize livres de terre.

» Item, une maison ou chasteaul de Verger. »

IVe DEGRÉ (11)

Aymée de Saumaise.

IVe DEGRÉ (11)

Renée de Saumaise.

———————

IVᵉ DEGRÉ (11)

Eudes de Saumaise, seigneur de Chasans et gouverneur du château de Vergy.

L'auteur des *faits de généalogie*, dans l'arrêt de 1643, ne lui donne pas la qualification de seigneur de Chasans, que le procès-verbal de l'enquête de 1635, semble lui reconnaître en décrivant l'épitaphe de son fils Huguenin ou Hugues, enterré dans l'église du château de Vergy. Du reste, la terre de Chasans était peut-être divisée entre plusieurs seigneurs, car elle l'a été souvent depuis.

On ignore le nom de sa femme, dont il eut Huguenin ou Hugues, qui suit.

———

V° DEGRÉ (12)

Huguenin ou Hugues de Saumaise, seigneur de Chasans, capitaine du château de Vergy, fut inhumé dans l'église collégiale de ce château, en 1427. Il était fils d'Eudes.

Sur sa tombe était gravé un *chevron ondé accompagné de trois glands*, ainsi qu'un *cavalier armé de toutes pièces*. La description de cette tombe, relatée dans le procès-verbal de 1641, était extraite de celui de l'enquête de 1635. Il n'était déjà plus possible, en 1641, de pénétrer dans l'église qui avait subi le même sort que le château.

Le nom de la femme d'Huguenin n'est pas arrivé jusqu'à nous. Il en est de même pour sa belle-fille et pour la femme de son petit-fils, l'un des seigneurs de Chasans.

L'épitaphe de la tombe est celle-ci :

« Noble Huguenins de Saumaize, fils d'Eudes, seigneur de Chasan, capitaine du Chateault de Vergy, 1427. »

Si Huguenin ou Hugues de Saumaise, est qualifié ci, fils d'Eudes, ce ne peut être que pour le distinguer d'un autre Saumaise, appelé également Huguenin ou Hugues, et ayant vécu dans le pays, vers la même époque. Or, on lit dans les archives de la Côte-d'Or et à des dates concordantes :

« 1395 à 1405.

»Meix donné à cens, par Jacquot de Chasans, écuyer, Huguenin et Guill. de Chasans, écuyers, frères. »

Et ailleurs :

« 1360. Hugues de Chasan, l'un des nobles de la prévôté de Vergy et Nuits, qui ont payé le double dixième des revenus de leur terre, pour l'impôt des moutons d'or. »

VIe DEGRÉ (13)

Hiérosme de Saumaise, chevalier, seigneur de
'hasans, fut père de Jehan, qui suit, de Barthélemy,
o Jacques et de Louis. Les quatre frères se parta-
èrent la terre de Chasans, dont les trois derniers
doptèrent le nom, à l'exclusion de celui de *Saumaise*.

Barthélemy fit deux transactions, l'une en 1485 avec
 chapitre de Saint-Denis de Vergy, au sujet des
rres de Chambeuf, et l'autre en 1487 avec le curé de
ette paroisse au sujet de la dîme. (Cote B. Inventaire
es papiers de Chasans en 1730.)

En 1440, le 14 octobre, il avait avec son frère
acques, ascensé le meix Chasal ou Chaseau à Cham-
euf ou Chambeuil, qui fut ascensé de nouveau, le
1 février 1465, par le même Jacques de Chasans, qua-
fié écuyer, seigneur de Lusigny, de Chasans et de
hambeuf en partie. (Archives départementales de la
ôte-d'Or.)

Louis est qualifié *chevalier* dans trois contrats de
rise à amphitéose des doyens et chanoines de Saint-
)enis de Vergy, par les nommés Mes Naulot et
uzanne, des héritages y mentionnés, qui sont dits
nir aux hoirs de fut Mre Louys de Chasan, chevalier,
atés des quatorze janvier mil quatre cent vingt-sept
t pénultième octobre mil quatre cent cinquante-sept.
Arrêt de 1643.) Ses deux fils, Louis et Marc, et sa
lle Philippette, ne sont connus, comme leur père, que

sous le nom de *Chasans*. Le premier, écuyer et seigneur de Chasans en partie, vendit, le 23 février 1481, le meix Choiseaul et ses dépendances, sur le territoire de Chambeuf, à Messire Jehan Esmonin, chanoine de Vergy, qui en fit don à son chapitre. Le second devint chanoine de la sainte-chapelle de Dijon. L'un et l'autre laissèrent leurs parts de la terre de Chasans à leur sœur qui avait épousé... de Sennevoy, et dont la fille, Jeanne de Sennevoy, les porta en dot à Edme de Legarennier, seigneur de Villars-Fontaine, lequel les vendit, en 1533, à François de Saumaise, cousin germain de Philippette et seigneur des autres parties.

La terre de Sennevoy en Champagne a donné son nom à la famille du mari de Philippette. Cette famille qui portait *de gueules à la bande d'or, au chef cousu d'azur, alias au chef d'argent*, est entrée plusieurs fois aux États de Bourgogne à partir de 1549. Parmi ses membres, on remarque un grand nombre de militaires, des chevaliers de Malte et de Saint-Louis, un abbé de Saint-Symphorien d'Autun vers 1719, et deux chevaliers d'honneur au parlement de Bourgogne en 1736 et 1733. Le second, François-Marie, qualifié marquis de Sennevoy, fut nommé maréchal de camp en 1784. (*La Noblesse aux États de Bourgogne.*) Le nom de Sennevoy s'est éteint à Paris, le 19 janvier 1882, dans la personne de Jules-Armand, marquis de Sennevoy. (*Annuaire de la noblesse* de Borel d'Hauterive.)

VIIᵉ DEGRÉ (14)

Barthélemy de Saumaise de Chasans.

VII* DEGRÉ (14)

Jacques de Saumaise de Chasans.

VII* DEGRÉ (14)

Louis de Saumaise de Chasans, chevalier.

VIII* DEGRÉ (15)

Louis de Saumaise de Chasans.

VIII* DEGRÉ (15)

Marc de Saumaise de Chasans.

VIII* DEGRÉ (15)

Philippette de Saumaise *de Chasans*, épouse N. de Sennevoy.

———

VIIe DEGRÉ (14)

Jehan de Saumaise, coseigneur de Chasans, capitaine du château de Vergy, était en 1501 receveur du bailliage de Dijon sous les noms de *Jehan de Saumaise*; charge dont il était revêtu lorsqu'il mourut en 1526.

Il avait été marié deux fois.

La première femme était Guillemette *alias* Michelle de Scotefort, dame de Brémonde en Champagne, dont il eut un fils, François, pour lequel ils se firent forts dans une transaction du 2 juillet 1510, à l'occasion du partage de la terre de Chasans avec Louis et Marc, cousins germains de François. Dans cette transaction, Jehan est qualifié *escuyer et capitaine du Chasteau de Vergy*. (Arrêt de 1643.) Il y est nommé *Jehan de Saumaise*.

La Chesnaye des Bois (tome IX, p. 301-313), dit que Guyonne de Scotefort, fille de Girard de Scotefort, écuyer, baron de Chalancey, Vaivre et Vaillant, et de Marguerite Le Prévost de Brionet, avait épousé Nicolas Girault, écuyer, seigneur de Sementier, d'une noblesse ancienne, originaire de Bourgogne et établie à Langres depuis l'an 1400, dont les armes étaient : *D'azur à la fasce d'argent, accompagnée en chef de trois croissants rangés en fasce, et en pointe d'un bouc issant; le tout aussi d'argent.* Après la mort de son mari, elle contribua avec tous les nobles et gentilshommes du royaume au paiement de la rançon des enfants de France, comme il paraît par un reçu signé de M. d'Amoncourt, commissaire et député à cet effet, du 15 mars 1529. Elle mourut le 24 juillet 1533, laissant un fils et cinq filles.

La seconde femme de Jehan fut Michelle Contault, d'une famille anoblie en 1460. Elle laissa sa fortune du moins en partie à François, enfant de la première femme, puisque, dans l'acte où il rendit compte d'une commission, donnée en 1515 à son père par le roi François I*ᵉʳ, pour le *paiement des édifices et les réparations des places et chasteaux de la duché de Bourgogne*, il est déclaré *héritier de demoiselle Michelle Contault, femme de secondes noces*. Michelle Contault avait donné à Jehan une fille, nommée aussi Michelle, qui épousa Guillaume Rémond, conseiller au parlement de Bourgogne. Un titre de 1572 dit que Michelle de Saumaise était sœur de François, dont l'article suit, et un autre de 1596, parle d'elle à propos d'une fondation dans l'église Saint-Pierre de Dijon. Elle eut entre autres enfants, François Rémond, savant jésuite qui mourut en confessant les pestiférés pendant le siège de Mantoue en 1631. Ce dernier avait professé pendant vingt ans la théologie à Bordeaux, à Parme et à Padoue, d'où le prince Ranutio Farnèse le fit venir à Mantoue pour prendre soin d'une académie, qu'il venait d'y fonder. (*Bibl. des auteurs de Bourgogne.*)

La famille Contaut, qui portait *d'azur à la fasce d'or chargée d'un croissant de gueules et accompagnée de trois besants d'or en chef, d'une coquille de même en pointe*, a donné un maître des comptes, secrétaire de Charles le Téméraire et acquéreur de la terre de Mimeure, au bailliage d'Arnay-le-Duc, en 1554, un président à la même Cour en 1486, un licentié ès lois, vicomte-mayeur de Dijon de 1504 à 1508; un conseiller au parlement de Bourgogne de 1506 à 1543, fondateur de la chapelle rurale ou ermitage de Contault, à Mimeure, où il fut enterré avec Bernarde des Barres, sa femme, en 1544. (J. d'Arbaumont et Courtépée.)

La famille Rémond, qui portait *de gueules à trois roses d'argent, alias d'or à trois roses de gueules*, avait dans la personne de Jacot Rémond, d'Ampilly, reçu en 1347 plusieurs sommes d'argent en récompense de services militaires. Elle est entrée aux États de la province en 1679 et a produit un conseiller de Charles le Téméraire ; trois députés du tiers aux États-Généraux de 1484, 1576 et 1593 ; deux conseillers au parlement de Bourgogne en 1541 et 1554 ; deux secrétaires du Pape Grégoire XIII en 1575 et 1589 ; plusieurs officiers au bailliage de la Montagne, du Châtillonnais et d'Arc-en-Barrois ; deux élus du tiers aux États de 1593 et 1651 ; deux maîtres et un auditeur aux comptes, un gouverneur de Saint-Domingue en 1555 ; plusieurs militaires parmi lesquels on distingue un lieutenant général des armées du roi, commandeur de Saint-Louis, dont le fils a été marquis de Montmort. (Mêmes auteurs.)

La Chesnaye attribue la même origine aux trois familles Rémond, en Bourgogne, en Champagne et à Paris. Il faut donc ajouter aux illustrations précédentes Pierre Rémond, avocat général au parlement de Paris en 1531, premier président à celui de Rouen, conseiller du roi en ses conseils privés, un des ministres plénipotentiaires au traité de 1546 entre la France et l'Angleterre, enfin, président à mortier au parlement de Paris. Il en est de même de Florimond de Rémond, conseiller au même parlement en 1570, né à Angers, et de son fils qui, au dire de Moréri, ont tous deux publié des traités contre les hérétiques.

VIIIᵉ DEGRÉ (15)

Isabelle de Saumaise, dont nous ne connaissons pas les ascendants, épousa dans la première partie du XVIᵉ siècle Jacques Vignier, seigneur de Chamblain. Leur petite-fille Marie épousa François de Clermont-Tonnerre, premier baron du Dauphiné. (Bibliothèque de l'Arsenal.)

Claude Vignier, fils d'Isabelle, composa, ainsi qu'il suit, son écusson d'alliance. On remarque l'accolement des Chasans et des Saumaise : *Coupé de deux et parti d'autant;* au 1 d'argent à trois léopards de gueules, qui est des Essards. Au 2 de sable au château sommé de deux tours d'or, qui est de Le Gruyer, parti d'or à deux fasces de gueules accompagnées de huit merlettes de même, mises en orle. Au 3 d'azur à l'aigle d'or qui est de Delomne. Au 4 d'azur au chevron ployé d'or accompagné de trois glands de même, qui est de Saumaise, brisé d'une bordure de gueules : parti bandé d'azur et d'or de six pièces; la seconde bande d'or chargée de trois macles de gueules, qui est de Chasans. Au 5 d'argent à une fasce d'azur, chargée de trois coquilles d'or qui est de Pisy : parti échiqueté d'argent et de gueules, qui est de La Tour. Au 6 d'argent au lion de sable, à la bordure de gueules, qui est de Mesgrigny. Au 7 d'azur à un tr... d'or, qui est de Boudault; parti coupé d'or et de sable au lion de l'un dans l'autre qui est d'Ausilly. Au 8 et dernier d'azur au cygne d'argent becqué et membré d'or qui est de Foissy. Sur le tout d'or au chef de gueules à la bande componée d'argent et de sable de six pièces, qui est de Vignier.

Claude Vignier était seigneur et baron de Barbézieux, Villemot et Saint-Liébaut, d'abord conseiller laïc au parlement de Bourgogne, ensuite conseiller d'État et président au parlement de Metz. Il avait épousé Catherine Chabot.

Les tablettes historiques, généalogiques et chronologiques placent les Vignier en Champagne et leur donnent pour armes : *D'or au chef de gueules, à la bande componée d'argent et de sable brochant sur le tout, à la bordure de France* (1753).

La Chesnaye des Bois dit que Marie Vignier était veuve d'Urbain de Créquy, seigneur de Ricoy, lorsqu'elle épousa François, comte de Clermont et de Tonnerre, premier baron, connétable et grand maître héréditaire du Dauphiné, baron d'Ancy-le-Franc, etc., lieutenant général pour le roi en Bourgogne, chevalier de ses ordres, et qu'elle était fille de Jacques Vignier, baron de Saint-Liébaut et de Marie de Mesgrigny. Ils avaient entre autres enfants, François de Clermont-Tonnerre, évêque de Noyon, comte et pair de France, commandeur de l'ordre du Saint-Esprit, dont une sœur était abbesse de Saint-Paul-les-Beauvois, et une autre religieuse dans le même monastère.

VIII° DEGRÉ (15)

François de Saumaise, seigneur de Chasans et de Chambeuf, trésorier des mortes-paies de Bourgogne, puis conseiller maître à la Chambre des comptes de cette province. Le 12 juillet 1530, il rendit à cette cour les comptes, que la mort avait empêché son père de rendre lui-même, pour la commission dont il avait été chargé quinze ans auparavant, le 1er mai 1515, par François 1er qui venait de monter sur le trône (le 1er février précédent). Il épousa Étiennette Jacqueron, fille d'Étienne Jacqueron, seigneur de la Motte-les-Argilly, anobli en 1501 par Louis XII, élu du roi aux États, maître des comptes en 1503, échanson de François 1er. Étiennette était sœur de Guillemette, mariée à Bénigne de Cirey, seigneur de Villecomte, et de Bénigne Jacqueron, aussi seigneur de la Motte, qui, d'abord conseiller maître en 1525, ensuite président à la même cour que son père à Dijon, en 1544, était devenu gouverneur de la province en 1542, et fut armé chevalier *pour son mérite*, par le duc de Guise, le 8 janvier 1544, d'après les ordres de François 1er.

Le 20 février 1521, François de Saumaise était qualifié écuyer et trésorier des mortes-paies dans un contrat d'échange d'héritages entre lui et Antoine Lausourois, écuyer et procureur du roi à Bar-sur-Seine; de même que dans un contrat de bail à ferme, passé en cette prévôté le 10 septembre 1533. Le

21 novembre de la même année, il acquit d'Edme de Legarennier, seigneur de Villars-Fontaine, pour le prix de 2,250 livres, le tiers de la terre de Chambeuf et la partie de celle de Chasans que Philippette de Chasans avait apportée en dot à... de Sennevoy.

En 1535 il fit confectionner le terrier de Chasans et de la tierce partie de Chambeuf, où son nom est écrit : *Saulmayce, Saulmayse,* et *Saumaise,* et où il est qualifié : *M*e*. Noble, escuyer,* et *M*e*.* trésorier des mortes-paies de Bourgongne, seigneur de Chasans *pour le toutage* et de Chambeuf *pour la tierce part.*

Nommé conseiller maître aux comptes en 1537, il ne fut reçu dans cette charge que dix-sept mois après sa nomination, le 6 août 1538.

En 1541 il partagea la succession de Marie Contault avec noble homme Symon Contault, sieur de Marchessant. Marie semble tout à fait distincte de Michelle Contault, *femme de secondes nopces* de Jehan de Saumaise.

En 1543, François fit rendre un arrêt contre le curé de Chambeuf au sujet de la dîme.

En 1547, il reprit de fief pour la terre de Chambeuf et obtint la même année une sentence arbitrale entre lui et les vénérables doyen et chapitre de Vergy, pour droits seigneuriaux et de dîmes des agneaux et des laines sur les fermiers et non sur les seigneurs de Chasans.

En 1558, le 20 novembre, Henri II lui accorda la survivance de son office de maître aux comptes, au profit de son fils François, en récompense des agréables services qu'il avait « par longtemps faits au feu roi » et au roi régnant ; et le 12 avril 1566, François fit insinuer une donation en faveur du même fils, alors avocat au parlement de Bourgogne. En 1578, il reçut une sommation d'Antoine de Ganay, son gendre, et en 1579 il figure, en qualité de secrétaire de M., frère du roi (Henri III) avec Antoine de Gaigne (sic), procureur du roi à Autun, dans un titre où l'on parle du *feu seigneur de Chasan, leur père.*

Il mourut peu de temps après, laissant de son mariage avec Étiennette Jacqueron trois fils : Étienne, Hierosme ou Jérôme et François, qui formèrent trois branches, et une fille, Marie (*alias* Anne), qui épousa en premières noces Antoine de Ganay, nommé plus haut, et en secondes noces, en 1543, Jacques de Guijon, dont les familles seront passées en revue après celles des Jacqueron et des Cirey.

La famille Jaqueron, dont les armes sont : *D'azur à la fasce de pourpre chargée d'un croissant d'argent et accompagnée de trois roses de même,* descend de Guyot Jacqueron, bourgeois de Dijon et d'Étiennette Salomon qui, en 1486, donnèrent dénombrement de ce qu'ils y tenaient en fief du roi, et notamment d'une portion du droit d'éminage, et qui y fondèrent, à la même époque, dans l'église Saint-Jean, la chapelle des dix mille martyrs et des douze mille vierges, dont le patronage resta longtemps dans leur famille. Le président avait épousé Isabeau de Moreaul, fille de Guy, seigneur de Souhey, et président au parlement de Bourgogne, dont la famille portait : *De gueules à la fasce d'argent, accompagnée de trois étoiles de même.* Guy de Moreaul avait été d'abord avocat du roi à Autun, puis lieutenant général au bailliage de Dijon, et enfin conseiller au parlement de la même ville. Il descendait de Guyot de Moreaul, bourgeois de Flavigny, dans le XIVᵉ siècle. Sa famille possédait, entre autres fiefs, la vicomté d'Avallon, et est entrée aux États de Bourgogne en 1557.

Cirey : *D'azur à deux levriers rampants et affrontés d'argent, bouclés et cloués d'or.*

La filiation de cette famille, ancienne dans la bourgeoisie dijonnaise, remonte à .... de Cirey, dont le fils, Jean, fut nommé abbé de Cîteaux, en 1476. Un neveu de ce dernier, Benigne, treize fois élu vicomte mayeur de Dijon, fut anobli en 1509. Sa descendance a fourni deux auditeurs des comptes au XVIe siècle et cinq conseillers au Parlement de Bourgogne.

Cette maison, entrée aux États de cette province, en 1674 et éteinte au XVIIIe siècle, a possédé les fiefs suivants : La Motte d'Aiserey, Pouilly, Villecomte, la Tour d'Is-sur-Tille, Magny-sur-Tille, Gerland, Quincey, Bâlon, Sancy, Tarsul en partie. (*La Noblesse aux États de Bourgogne.*)

IXe DEGRÉ (16)

Marie de Saumaise épouse successivement Antoine de Gamay et Jacques de Guijon. •

Les Gamay auxquels Palliot donne pour armes : *D'or à l'aigle mornée de sable, avec la devise : Non rostro, non ungue, sed alis itur ad astra*, sont représentés par *les marquis de Gamay.* Ils sont originaires du Nivernais et remontent à Girard de Gamay, *chevalier* en 1300. Ils sont entrés plusieurs fois aux États de Bourgogne, à partir de 1671. S'ils sont fiers de Jean, chancelier de France, ils doivent l'être aussi de son frère Germain, chanoine de Bourges et de Tournay, conseiller-clerc au Parlement de Paris, en 1435, évêque de Cahors en 1509 et d'Orléans en 1514. Leur maison a produit, en outre, un auditeur d'appeau, conseiller du duc de Bourgogne, en 1422; trois lieutenants généraux au bailliage de Charolles, dont un député aux États-Généraux; deux trésoriers de France, à Dijon en 1628 et 1683; un commandant de la noblesse du Charollais; un avocat général à Chambéry, puis conseiller au Parlement de Bourgogne; deux procureurs du roi, à Autun; trois chevaliers d'honneur à la Chambre des Comptes de Dijon, en 1696 et 1741 et 1751; plusieurs militaires, entre autres un mestre de camp de cavalerie et un aide-major général de l'armée d'Italie, avec brevet de colonel et de gouverneur d'Autun. La terre de Lusigny, dont était seigneur Lazare de Ganay, le dernier chevalier d'honneur aux comptes, en 1751, avait appartenu aux Saumaise dans le XV⁰ siècle.

Quant aux Guijon, qui portaient : *D'or, alias d'argent, à trois têtes d'ours arrachées de sable, posées deux et un et muselées d'argent,* La Chesnaye des Bois leur donne la particule *de.* Les deux frères Jacques et Jean furent maintenus dans leur noblesse par lettres du roi, données à Abbeville, le 21 juin 1596. Cette famille avait pour berceau le fief de *Guijon,* dans la paroisse de Saint-Léger-de-Fourches, au bailliage de Saulieu, et son premier auteur connu, écuyer de Philippe-le-Hardy, avait été, au rapport de l'historien Froissard, fait prisonnier par les Anglais, en 1430. Son petit-fils Hugues de Guijon, écuyer, seigneur de Saint-Léger, laissa, entre autres enfants, Philippe, tué au siège de la Rochelle, en 1573, et Jean, d'abord médecin à Sau-

lieu, ensuite à Autun, où il exerça sa profession *arcéloge*.
Les quatre fils de Jean se firent un nom dans les
lettres et dans les sciences. L'un d'eux fut procureur
du roi, à Autun; un autre, vierg de la même ville et
élu du tiers-état, en 1596. On remarque encore dans
cette famille, plusieurs officiers au bailliage et à la
chancellerie d'Autun, deux lieutenants criminels au
bailliage d'Avallon, et un certain nombre de militaires,
parmi lesquels on cite un lieutenant-colonel d'artillerie,
chevalier de Saint-Louis. La famille de Guijon est
entrée aux États de Bourgogne, en 1727.

BRANCHE D'ÉTIENNE DE SAUMAISE

IXe DEGRÉ (16)

Étienne de Saumaise, lieutenant particulier en la chancellerie de Semur-en-Auxois. Il était avocat en Parlement, lorsqu'il épousa, en 1557, Antoinette (alias Aglandine) Sayve, fille de Philiberte Bouësseau et non *Bresle*, comme une erreur de copiste l'a transformée dans l'arrêt de la Cour des Aides de Paris, en 1613, et de Jean Sayve, seigneur de Flavigneret, la Grange-Noire, Bussy et la Motte-Palliers, avocat général en 1522, et président au Parlement de Bourgogne en 1551, que M. de Lacuisine appelle *Jacques* au lieu de *Jean*, comme le désigne l'Armorial de la Chambre des Comptes de Dijon. Cet Étienne eut deux fils, Daniel et Bénigne, qui feront le sujet de deux articles.

Les Sayve, originaires de Savoie et portant : *D'azur à la fasce d'argent, chargée de trois couleuvres (alias trois sangsues) de gueules*, sont entrés aux États de Bourgogne en 1632, et ont fait leurs preuves pour Malte, en 1570. Ils remontent à Pierre Sayve, seigneur de Flavigneret, clerc des comptes, en 1491, et *élu onze fois* vicomte mayeur de Dijon. Ils ont fourni un grand nombre d'officiers des cours souveraines, entre autres deux chevaliers d'honneur du Parlement

de Bourgogne; un receveur général des finances de la
même province; un brigadier des armées du roi, tué
au passage du Rhin; un doyen de la Sainte-Chapelle
de Dijon, abbé de Sainte-Marguerite et élu du Clergé
en 1554 et 1570; un otage donné aux Suisses en 1513,
sans doute celui dont Courtépée ignorait le nom : des
barons de Chevannay et des comtes de la Motte-
Palliers et de Thil. Ils se sont éteints en 1642, dans
une branche des La Croix de Chevrières, laquelle a
accepté la condition d'ajouter à son nom celui de *Sayve*.
Cette branche est représentée aujourd'hui (1884) par le
marquis de Saint-Vallier, sénateur, et par le comte de
Saint-Vallier, ancien ambassadeur à Berlin.

Philiberte Bouësseau était, suivant l'Armorial de
la Chambre des Comptes de Dijon, fille de Claude
Bouësseau, écuyer, seigneur de Fossey, et de Marguerite Morin, d'une famille qui a donné deux maitres des
comptes; deux lieutenants généraux au bailliage de
Dijon; deux conseillers au Parlement de la même ville;
et qui portait : *D'argent à trois mûres de pourpre.*
Philiberte se remaria avec Laurent de Rougemont,
écuyer, seigneur de Broindon. Appartenait-il à l'une
des deux illustres familles qui eurent leurs entrées
aux États de Bourgogne ? La première, portant *de
gueules* au lion d'or, possédait la terre de Rougemont,
en Bugey, en 1150; elle a fourni deux chevaliers de
l'Ordre; un chanoine, comte de Lyon; un capitaine de
cinquante hommes d'armes; un enseigne de la compagnie d'ordonnance de Saviré, au service de la France,
administrateur de l'hospice du Grand-Saint-Bernard.
La seconde portant : *D'or à l'aigle éployée de gueules,
becquée et membrée d'azur*, était originaire de Bourgogne; elle a possédé Chaseul en Champagne et

ougemont en Franche-Comté; elle a fourni un
chevêque de Besançon; elle s'est alliée aux Vienne,
alon, Vergy, Oyselet, Neufchâtel, Rye, Raye,
utfremont, Saulx.

Les Bouësseau, dont les armes : *D'or à trois lions*
issant de trois boisseaux d'azur, se voient encore
ns l'église Notre-Dame à Dijon, descendent de
omas Bouësseau, secrétaire de Jean-Sans-Peur,
diencier à la chancellerie de Bourgogne, châtelain
Santenay, garde ou trésorier des chartes du duché,
empté par lettres patentes du paiement des impôts,
alifié *noble* dans un rôle de feux, en 1441, et mort
1446. — Nicolas, fils de Thomas, fut nommé en
42, maître des comptes *aux honneurs*, en récom-
nse des services qu'il avait rendus dans l'office de
crétaire du duc et dans plusieurs ambassades. Il
vint, entre 1474 et 1477, maître ordinaire, et plus
d premier maître, chargé de présider. Il était
igneur de Barjon, de la châtellenie de Saulx-le-
e, de Frolois et d'Avot, en partie. — Thomas, fils
Nicolas, et seigneur de Rosey et de Fossey, fut
nseiller au Parlement de Bourgogne, en 1503.
nigne, seigneur d'Avot, de Barjon et de Villy-sur-
lle, succéda, en 1506, à son père Nicolas, et, par
n mariage avec Marguerite de Laval, il devint neveu
chancelier de France, Guy de Rochefort. — Les
val ou Laval, entrés aux États de Bourgogne en
63, portaient : *De sable à deux fasces d'argent, au*
ef de même, chargé de trois étoiles de gueules.
vise : *Eadem mensura.* — Les armes des Rochefort
trés aux États, en 1384, étaient : *D'azur semé de*
lettes d'or, au chef d'argent chargé d'un lion léo-
rdé de gueules.

Xᵉ DEGRÉ (17)

Daniel de Saumaise, seigneur de Pré-de-Fond ou Pied-de-Fond, et de la troisième partie de la Tour, fief situé sur le finage de Magny-la-Ville, bailliage de Semur-en-Auxois. Il le vendit à Georges de Régnier, écuyer, seigneur de Prunières, qui en reprit le fief le 19 avril 1630.

Daniel avait servi longtemps, en qualité de gentilhomme volontaire, dans les régiments de Bouillon et de Dampmartin, lorsqu'il épousa en 1598, Marie Mamineray, fille de Nicolas Mamineray, procureur du roi en la maréchaussée de Vézelay, et probablement, sœur de Claude Mamineray, président en l'élection de ce nom.

En quittant le service, il était devenu conseiller du roi, receveur des aides et tailles à Vézelay. A partir de cette époque, il éprouva beaucoup de contrariétés de la part de ses nouveaux concitoyens, qui s'obstinaient à l'inscrire sur le registre des gens sujets à la taille, au mépris des privilèges nobiliaires, dont sa famille jouissait de temps immémorial. Le procès commencé à ce sujet en 1599 ne se termina qu'en 1613, par un arrêt définitif de la Cour des Aides de Paris, après lequel la commune de Vézelay se tint enfin pour battue. Elle avait été jusqu'à prétendre que Daniel avait trafiqué sur le blé et que son fils avait déserté. Ce jeune homme appelé aussi Daniel, était seigneur de la Fayette et

entilhomme volontaire dans l'armée du cardinal de la
allette. Il mourut à Pont-à-Mousson, où il s'était fait
ansporter pour y être soigné, comme l'atteste un
ertificat, du 15 février 1636, délivré par le sieur de
aucourt, chevalier, seigneur de Plancy, lieutenant de
compagnie des chevaux-légers du baron de Vitteaux,
remier capitaine du régiment du marquis de Canillac.
e chevalier de Faucourt attestait, en outre, que cet
fortuné gentilhomme *avait volontairement servi sous
charge, pendant huit mois consécutifs, sans avoir
eu aucunes montres ni deniers,* qu'il était décédé
rès avoir fait son testament et avoir été assisté par
i et par plusieurs gentilshommes du pays. Une fin si
rématurée et si déplorable n'avait pas empêché les
abitants de Vézelay, d'accuser ce jeune homme de
sertion, et même de prétendre qu'il avait été con-
amné à mort pour ce fait. La cour les condamna à
facer sur leurs registres, tout ce qui avait trait à cette
domnie et au trafic du blé imputé à son père. Elle les
ondamna en outre, *aux despens des dittes causes
appel et instances liquidées à quatre cents livres,
compris le présent arrêt et premier commandement.*
arrêt ne parla pas de l'amende demandée et appli-
ble aux prisonniers de la Conciergerie.

A ce père si éprouvé il ne restait qu'une fille,
anne de Saumaise, qui avait épousé, en 1631, Étienne
igot, écuyer, seigneur de la Chevardière (alias
hevardière et Chevarderie). Elle était veuve en 1652.
habitait Sancerre, où elle se fit délivrer, le 15 février
la même année, une copie de l'arrêt de 1643, colla-
onnée et signée par M⁰ Dubois et Salinon, notaires,
sidents en cette ville. Elle fit signifier cet arrêt, et en
t donner copie aux habitants de Sancerre, dans les

personnes de MM. Jean Briare ou Gréare et Hector
Morin, maire et échevin, faisant fonctions de procu-
reur-syndic, *afin qu'ils aient à la laisser jouir des
privilèges, immunités et franchises attribuées aux
nobles du royaume, et n'aient à la comprendre en
aucune levée de deniers, soit ordinaires, soit extra-
ordinaires, conformément au dict arrest, rendu au
profit du dict de Saumaise, son père.* Un extrait colla-
tionné et légalisé de cette copie, a été délivré par
M. Jules Ladous, notaire à Paray-le-Monial, le 10 avril
1877, sur la demande de l'auteur de cette *Histoire
généalogique;* cette copie était collationnée à l'original
en papier représenté et rendu à l'instant par le soussi-
gné, notaire royal à Dijon, le 16 mars 1673, signé
Drouot.

Étienne Bigot, fils de Charles Bigot, premier du nom,
seigneur de la Guilbaudière et de Pontbodin, et de
Jacquone Pasquier, descendait au septième degré de
Michel Bigot, anobli par Charles V, le 22 juin 1369, et
fut maintenu dans sa noblesse, le 3 juillet 1634. Il eut
de Jeanne de Saumaise, Étienne, Jacques, Hector et
Élisabeth, mariée à François Dujon, écuyer, seigneur
de la Rajasse et de la Vallée, fils de Jean Dujon, trésorier général de la cavalerie légère de France, écuyer
ordinaire de la grande écurie du roi, etc., et de Renée
Le Proust (La Chesnaye des Bois). Armes de Bigot :
*De sable à trois têtes de léopards d'or, languées de
gueules posées deux et un.* Cri de guerre : *Tout de par
Dieu.*

Le 14 décembre 1599, était intervenu un jugement
des commissaires royaux pour la généralité de Paris,
confirmé le 7 juin 1600, par la Cour des Aides, ordon-
nant que Daniel de Saumaise, comme issu de *noble*

lignée, jouirait des priviléges et exemptions, qui appartenaient à la *vraie* noblesse : lesquels actes avec des lettres patentes de confirmation du 2 juillet 1620, furent enregistrés au Parlement de Dijon, le 2 août 1622.

XIe DEGRÉ (18)

Jeanne de Saumaise épouse, en 1631, Étienne Bigot, écuyer, seigneur de la Chevardière.

Xe DEGRÉ (17)

Bénigne de Saumaise, seigneur de Tailly, Bouze, Saint-Loup-de-la-Salle, conseiller au Parlement de Bourgogne. Ayant succédé à son père dans la charge de lieutenant particulier en la chancellerie de Semur-en-Auxois, il épousa, la même année 1587, Élisabeth Virot, nièce de Guillaume Virot, conseiller au même Parlement, et fille d'Antoine Virot, seigneur de Tailly, etc., et de Guillemette Tisserand, d'une ancienne famille parlementaire.

Pendant les troubles de la Ligue, Bénigne se distingua par sa fermeté au service des rois Henri III et Henri IV, et comme il était un des principaux citoyens de Semur, il ne contribua pas peu à contenir cette ville dans l'obéissance, et à lui faire recevoir ceux des officiers du Parlement, qui étaient restés fidèles à leurs souverains légitimes. Ce fut, sans doute, ce qui détermina Henri IV à le récompenser, le 24 mars 1592, par une charge de conseiller à cette cour, dans laquelle il ne fut reçu que le 11 août 1594.

Dijon ayant fait sa soumission l'année suivante, il y suivit la fraction du Parlement, qui avait siégé jusqu'alors à Semur, et y prit séance avec les conseillers des deux partis. Pendant quarante-six ans, il s'acquitta de ses fonctions avec une rare capacité et une irréprochable intégrité. Il mourut doyen de sa compagnie, le 15 janvier 1640, à l'âge de 80 ans, et fut enterré à Dijon, dans l'église Saint-Pierre, sa paroisse.

Quoique la jurisprudence fût, pendant toute sa vie, son occupation principale, il ne négligea pas les belles-lettres auxquelles il avait donné les premières années de sa jeunesse, et il étudia avec un égal succès l'histoire et la géographie. Il faisait très bien les vers latins, et même les vers français: c'est au point que son fils, l'illustre savant Claude de Saumaise, en lui dédiant un de ses livres, ne craint pas de dire, que si quelques uns de ses contemporains l'avaient égalé en fait de poésie, personne ne l'avait surpassé.

Le plus considérable de ses ouvrages, celui qui lui fit le plus d'honneur, est la traduction en vers français de la Géographie de Denys d'Halicarnasse, connu sous le nom de *Périégète*; il est accompagné de remarques savantes et judicieuses, qui montrent à quel point il était versé dans la langue grecque. Il avait à peine vingt ans lorsqu'il entreprit cette traduction, et il y avait plus de quatorze ans qu'elle était achevée, lorsqu'il se décida à la publier.

L'abbé Papillon, à qui nous devons ces détails, termine l'article consacré à Bénigne de Saumaise, en disant : *La tradition le fait regarder dans le Parlement de Bourgogne comme un des plus grands magistrats qu'il y ait été, mais ce qui rendra particulièrement sa mémoire immortelle, c'est l'illustre fils dont je viens de parler.* Dans une note, le même auteur remarquait que Grotius et Didier Hérault, tout en critiquant violemment le docte, ne pouvaient s'empêcher de faire l'éloge de Bénigne, son père, et de Daniel, son oncle.

Bénigne de Saumaise, fut l'unique maître de son fils, pour les langues grecque et latine, mais il ne sut pas le protéger contre les leçons d'une mère imbue des nouvelles doctrines. Il eut d'Élisabeth Virot, dix-sept enfants, dont huit moururent en bas âge. Il leur resta quatre filles, Jeanne, Marie, Bénigne et Judith, ainsi que cinq fils, Claude, dont l'article suit, Jean, François, Hiérosme et Nicolas.

Jeanne épousa Claude Mamineray, président en l'élection de Vézelay, dont le nom a été prononcé dans l'article précédent, et, devenue veuve en 1641, se fit décharger, à cause de sa noblesse, de la taxe *des aides* et *de la subsistance*.

On ignore ce qu'il advint de Bénigne et de Judith ; quant à Marie, on sait qu'elle se maria avec le protestant noble Théophile Gravier, seigneur de Layé-le-Franc, la Treiche et Drambon ; que conjointement avec son mari, elle vendit, le 22 juillet 1665, pour la somme de trente mille livres, la première de ces terres, à Charles de la Touvenelle. On sait, de plus, qu'elle eut un fils, Jacques, seigneur de Drambon, et une fille, Élisabeth, aïeule de MM. Perrault, comtes de Montrevost, lesquels remontent à Collin Perrault, seigneur des Fontaines, des Tourettes, de la Morlaix et de la Magnanne, etc., en Bretagne, vivant en 1390. Théophile avait un frère, nommé Jean, dont descendent les comtes de Montrevost et les marquis de Vergennes ainsi que les comtes de Vergennes et de Toulongeon.

Jean, Hiérosme et Nicolas, n'ont pas laissé de postérité connue. Jean, seigneur de Morteuil, capitaine de la trentième compagnie du régiment de Candale, au service de Venise, était versé dans les littératures grecque et latine. Il mourut, avant son père, par suite des fatigues de la guerre, et avait épousé, en 1617, Théodorine de la Marre, fille de l'auteur d'une vie latine et manuscrite du *Docte*, où il rappelle cette alliance, et de Geneviève Bernadon, dont la famille a donné plusieurs officiers, aux cours souveraines de la province de Bourgogne. Devenue veuve, Théodorine se remaria avec Sylvestre de Riollet, écuyer, seigneur de Morteuil, auquel elle porta cette terre. Jusqu'en 1610, Jean de Saumaise en avait fait le dénombrement en toute justice, l'ayant acquise, tant des héritiers du feu sieur lieutenant de la Marre, que des vénérables de N.-D. de Beaune. M. J. d'Arbaumont, croit que Jean a été maintenu dans sa noblesse d'extraction, par lettres du 2 juillet 1620, tandis que Moréri prétend qu'il a été anobli par Louis XIII, le 18 août 1622. Ce serait, ou une confirmation de noblesse, ou plutôt, une confusion avec l'enregistrement du 12 août 1622, au Parlement de Bourgogne, d'un premier jugement relaté dans l'article précédent.

Hiérosme et Nicolas, nés le même jour ..... 1605, eurent pour parrain, Jérôme (alias Hiérosme) de Saumaise, seigneur de Chasans, Curley, Maligny et autres lieux; leur grand-oncle, dont il sera question plus loin. Hiérosme, fut lieutenant de son frère Jean, dans ses expéditions d'outre-mer, et devint capitaine d'une compagnie de deux cents hommes, dans l'infanterie de la seigneurie de Venise. Pour Nicolas, il était capitaine au régiment d'Urfé, lorsqu'il fut emporté par *la maladie des camps*, après la reprise de la Lorraine par les armées françaises.

La famille Gravier, originaire de Paray-le-Monial, en Charollais, porte : *Parti, au 1 de gueules à trois merlettes s'essorant d'or (alias d'argent), les deux du chef affrontées; au 2 de gueules à la croix d'argent, chargée d'un écusson d'azur à la fleur d'or, tigée et feuillée de sinople.*

Cette famille remonte à Jean Gravier, seigneur de Chevagny, au XVIᵉ siècle, et père de Théophile, dont il a été question dans cet article, et de Jean, avocat au Parlement. La descendance de ce dernier a donné un second avocat au Parlement, seigneur de Vergennes, par suite de son mariage avec Rose Perrault, dont le père était seigneur de ce lieu. Elle a donné, en outre, un docteur en médecine, seigneur du Seuil; quatre trésoriers de France, à Dijon, dont un seigneur de Vergennes, et deux seigneurs de Saint-Vincent, un chevalier de Saint-Louis, seigneur du Tiret et de la Gelière, en Bresse; deux maîtres aux comptes, à Dijon, dont un président de la même cour; et deux diplomates éminents, fils du premier maître: l'un, Jean, marquis de Vergennes, ambassadeur du roi en Suisse, en Portugal et à Venise; et l'autre, Charles, frère cadet du marquis, comte de Vergennes et de Toulongeon, ambassadeur à Constantinople, en Suède, ministre et secrétaire d'État au département des affaires étrangères, et président du Conseil des Finances. — Alliances : Boiteux, Saumaise, Thomas, Perrault de Montrevost, Gravier de Millière, Chevi-gnard de Charodon, Chevignard de Chavigny, Vial d'Alais, etc. — Fiefs : Chevagny, Drambon, Layé, la Treiche, Vergennes, Millière, le Pourriot, Toulon-geon, le Seuil, Saint-Vincent, la Gelière, le Tiret.

Les Perrault de Montrevot, portent : *Parti, au 1 d'azur, à la croix patriarcale d'or, accompagnée en pointe de trois annelets de même, et au 2 d'azur, à trois bandes d'or.*

Philibert de la Marre, l'un des historiens du *Docte* et beau-père de Jean de Saumaise, seigneur de Morteuil, remontait à Henri de la Marre, écuyer, seigneur d'Oisy en Charollais, au XIVᵉ siècle, dont la descendance a produit un chevalier de Saint-Lazare et un maître des requêtes de la reine Marie de Médicis. Elle a donné à la ville de Beaune un gouverneur, trois maires, un lieutenant-général, plusieurs officiers au bailliage et à la chancellerie, un doyen de la collégiale, élu du Clergé. Elle a aussi donné à la ville de Dijon, un trésorier de France, élu du tiers, un avocat général, un maître aux comptes, un président à mortier et cinq conseillers au Parlement. (*La Noblesse aux États de Bourgogne.*) •

Armes : *De gueules au chevron d'or, accompagné de trois coquilles d'argent lignées de sable.*

Geneviève Bernadon descendait d'Étienne Bernadon, châtelain de Demigny, et père de Philibert, procureur du roi au bailliage de Chalon-sur-Saône, en 1568. Leur postérité a fourni deux conseillers au Parlement et deux présidents à la Chambre des comptes de Dijon, un doyen à la cathédrale de Saint-Vincent de Chalon, élu du Clergé en 1612. Elle s'est éteinte au milieu du XVIIᵉ siècle dans les Bouhier, qui ont ajouté à leur nom celui de *Bernadon*, et ont fait ériger la terre de Santenay en *marquisat*. De cette famille, sont sortis le président Bouhier, de l'Académie française; dix-huit Bouhier qui ont siégé sur les fleurs de lys, dont cinq avec le mortier de président; un commandeur de Malte; un brigadier des armées du roi; les deux premiers évêques de Dijon, Jean et Claude, tous deux élus du Clergé, l'un en 1721, et l'autre en 1751.(*La Noblesse aux États de Bourgogne.*)

Armes de Bernadon : *D'azur au sautoir d'or, accompagné d'un croissant de même en chef, et de trois étoiles aussi d'or, deux en flanc, une en pointe.*

Armes de Bouhier : *D'azur au bœuf d'or, ancienne-ment coupé de gueules à trois mollettes d'éperon d'or, qui est de Champleey.*

XIe DEGRÉ (18)

Jeanne de Saumaise épouse Claude de Mamineray.

XIe DEGRÉ (18)

Marie épouse noble Théophile Gravier.

XIe DEGRÉ (18)

Bénigne de Saumaise.

XIe DEGRÉ (18)

Judith de Saumaise.

. XIe DEGRÉ (18)

Jean de Saumaise, capitaine au service de Venise, épouse Théodorine de la Marre.

XIe DEGRÉ (18)

Hiérôme de Saumaise, capitaine au service de Venise.

XIe DEGRÉ (18)

Nicolas de Saumaise, capitaine au régiment d'Urfé.

XI DEGRÉ (18)

Claude de Saumaise, seigneur de Tailly, annexe de Bligny-sous-Beaune, et de Grigny, près de Paris, conseiller d'État, et chevalier de Saint-Michel.

Il était l'aîné des enfants de Bénigne de Saumaise et d'Élisabeth Virot, quoique l'Armorial de la Chambre des comptes de Dijon ne le nomme que le troisième. Il naquit à Semur-en-Auxois le 15 avril 1588, l'année même où cette ville fut brûlée, et les deux Guise furent tués à Blois. La Marre, son futur historien, le questionnant sur l'époque de sa naissance, Saumaise lui répondit, par ce vers de Tibulle :

Cum cecidit fato consul uterque pari.

Son père lui ayant, comme on l'a vu, enseigné seul le grec et le latin, l'envoya, en 1604, à Paris pour y étudier la philosophie, et en 1606, à Heidelberg, pour s'y instruire dans la jurisprudence. Malheureusement ce séjour dans ces deux villes, tout en augmentant la somme de ses connaissances, l'affermit dans ses préjugés de secte.

Sans le secours d'aucun professeur, Saumaise avait appris l'arabe et même le copte ; il avait aussi essayé de pénétrer dans les mystères de la langue étrusque ; c'est ainsi qu'il mérita le nom de *Docte*.

En 1623, il épousa Anne Le Mercier, fille de Josias Le Mercier, seigneur de Grigny, savant des plus accrédités parmi les protestants de France, dont le père,

Jean Le Mercier, était habile dans les langues grecque, latine, hébraïque et chaldaïque. Josias possédait, dans sa terre de Grigny, une jolie maison de campagne, où son gendre mit la dernière main à son grand ouvrage sur Solin, ou plutôt sur l'*Histoire naturelle* de Pline qu'il fit imprimer à Paris en 1629.

La même année, il tomba malade à Dijon, où il était venu voir sa famille. Lorsqu'il fut guéri, son père voulut lui résigner sa charge de conseiller au parlement, avec l'agrément de ses collègues qui, *en faveur de Saumaise*, voulaient bien passer sur l'inconvénient de la religion prétendue réformée; mais le Garde des Sceaux de Marillac fut *inflexible* et empêcha ainsi l'hérésie de pénétrer, la tête haute, dans le parlement de Bourgogne, ce dont les catholiques ont dû lui savoir gré.

En 1631, les curateurs de Leyde et les magistrats de la ville offrirent à Saumaise, et lui firent accepter, la place qu'avait occupée Joseph Scaliger, avec les appointements qui y étaient attachés. Le titre de *professeur honoraire* ne lui fut point offert, dans la crainte qu'il ne le trouvât au-dessous de lui. On savait, en effet, qu'il avait refusé des chaires de professeur, quoique bien rétribuées, dans les Universités de Padoue et de Bologne. Les appointements de *deux mille livres* furent dans la suite portés à *trois mille livres, avec exemption de tout subside.*

Saumaise se rendit à Leyde, au printemps suivant, avec toute sa famille, et fut logé dans un hôtel qui avait appartenu aux chevaliers de Malte et était attenant à un beau jardin. Malgré cela, il lui fallut bientôt payer son tribut à l'air du pays; il tomba malade en 1634 et fut menacé d'une hydropisie. En 1635, la crainte de la peste l'ayant ramené en France, il s'arrêta à Paris, où le roi (Louis XIII) lui accorda un livret de conseiller d'État et de chevalier de Saint-Michel, dont l'ordre était alors d'une plus grande distinction qu'il ne l'a été depuis. Ensuite il vint passer quelque temps à Dijon, où le prince de Condé, gouverneur de la province, l'honora de ses bontés, et fit de grands efforts pour le retenir dans sa patrie, lui promettant de grands avantages, entre autres la pension de *trois mille six cents livres*, dont avait joui Grotius, lorsqu'il s'était retiré de Hollande en France. Ayant attendu inutilement pendant quelques mois, Saumaise prit le parti de retourner à son poste.

En l'année 1640, la mort de son père arrivée au mois de janvier le ramena à Dijon pour recueillir sa succession. Pendant le séjour qu'il fit à Paris dans cette circonstance, il fut, dit-on, fort *gracieusé* par le cardinal de Richelieu, qui voulant le garder auprès de lui, chargea M. de Chavigny, secrétaire d'État, de lui offrir jusqu'à *douze mille livres* de pension. Une offre si avantageuse l'ébranla, mais ayant appris que c'était à condition de travailler à l'histoire du cardinal, il répondit qu'il n'était pas homme à sacrifier sa plume à la flatterie, et il ne songea plus qu'à continuer son voyage en Bourgogne, où ses affaires domestiques le retinrent jusqu'à la fin de 1645. Il reprit alors le chemin de Leyde, où, pendant son absence, il avait donné de l'occupation à ses imprimeurs.

Ce fut pendant ce voyage et probablement à son passage par Paris, que Louis XIII lui fit expédier, le 3 septembre 1644, le brevet d'une pension de *six mille livres*, avec de grands éloges *de son éminente doctrine et de son ancienne et noble race*. Le brevet a été im-

primé à la suite de son éloge, par Antoine Clément;
mais l'abbé Papillon doute que Saumaise ait jamais rien
touché de cette pension.

Laissons-le aux prises avec les théologiens français
et avec Didier Hérault, savant avocat au Parlement de
Paris, et arrivons à l'année 1649, pendant laquelle il
publia, sous le nom de Claude Legros, sieur de Saint-
Hilaire, une apologie de Charles Iᵉʳ, roi d'Angleterre,
indignement mis à mort par ses sujets. Charles II, à
qui elle avait été dédiée, et à la prière de qui elle avait
été composée, lui en fit ses remerciements, par une
lettre très polie, ne pouvant le remercier autrement.
La réponse aux invectives du célèbre Milton, à l'occasion de cet ouvrage, ne parut qu'après la mort de son
auteur.

Cependant Christine, reine de Suède, qui se faisait
un plaisir d'attirer à sa cour les plus savants hommes
de l'Europe, et qui mettait, avec raison, Saumaise au
premier rang, l'avait invité par plusieurs lettres très
pressantes, à se rendre auprès d'elle. Quoiqu'il redou-
tât beaucoup l'air de la Suède pour sa santé, les
sollicitations de sa femme, convaincue qu'il retirerait
de grands avantages de ce voyage, le déterminèrent à
partir au mois de juillet 1650, et comme elle était fort
entichée de la noblesse de son mari, elle voulut qu'il
parût à Stockholm, non avec un habit de *savant modeste*,
mais en habits de *courtisan*, au risque d'amuser la
cour à ses dépens. Saumaise n'ayant obtenu qu'un
congé de six mois, et Christine l'ayant retenu près de
six mois de plus, les curateurs écrivirent à la reine et
la prièrent instamment de le leur rendre. Après l'avoir
appelé : « Insignem Salmasium nostrum, virum incom-
parabilem, » ils ajoutaient : « Haud difficilius mundum

sole, quam Academiam nostram hoc Musarum sanc-
tuario privari, etc. » Le reste est de la même force.

Il ne faut pas s'étonner si, au bas de son portrait
gravé à Leyde, en 1641, on lit :

GALLIA, QUÆ NUPER, JAM SIDERE LEYDA SUPERBIT.
  PRÆLUCET MAGNIS ARTIBUS ISTA PHAROS.
HÆC SUNT PERSPECTI, LECTOR, COMPENDIA MUNDI.
  FRONTE SUB HAC PALLAS PRODIGIOSA LATET.
PARTIMUR DOCTRINAM ALII, HIC SE TOTA RECONDIT;
  IMMENSOSQUE HABITAT MENS SPATIOSA LARES.
SCRIBITE, SCRIPTORES. CUI PAGINA SCRIPTA SOLINI EST,
  JUDICE ME, SCRIPTI CIRCULUS ORBIS ERIT.

Christine le laissa enfin partir, à regret, et lui fit
cadeau de son portrait, peint par Bourdon. Saumaise
revint par le Danemark, où le roi Frédéric III le fit
manger à sa table, lui donna son portrait avec celui de
sa femme, et le fit reconduire à ses frais, jusqu'aux
frontières de ses États. Là, il s'embarqua pour la
Hollande.

Sa santé était depuis longtemps dérangée par la
goutte, dont les accès devenaient plus longs et plus
rapprochés, depuis son voyage en Suède, ce qui le
détermina à accompagner sa femme aux eaux de Spa.
Il sembla s'en bien trouver les premiers jours; mais
une légère fièvre l'ayant obligé de se mettre au lit, et
le mal s'augmentant, il comprit qu'il était près de sa
fin et voulut s'y préparer sérieusement. Pour cela, il se
fit assister par David Stuart, calviniste et professeur
de théologie, qui dut malheureusement l'affermir dans
les erreurs dont sa mère avait nourri son enfance. Il
mourut le 3 septembre 1653, et fut enterré sans céré-
monie et sans épitaphe, dans l'église Saint-Jean, à
Maestricht.

Peu de jours avant sa mort, il avait fait promettre à sa femme, par serment, de jeter au feu, tous les papiers renfermés dans une armoire qu'il avait à Leyde, et où étaient les écrits préparés contre différents adversaires. Elle exécuta ponctuellement sa promesse, et en fut fortement réprimandée par la reine Christine, dans une lettre de condoléance sur la mort de son mari, dont l'original fait partie de la collection de la Marre. Cependant ses enfants sauvèrent plusieurs ouvrages, qui, en grande partie, virent plus tard le jour.

L'Académie de Leyde fit faire à Saumaise une oraison funèbre, par Adolphe Vorstius, l'un de ses professeurs. De son côté, Christine, lui en fit faire une par un professeur d'Upsal, et promit à la veuve du Docte, de prendre soin de l'éducation d'un de ses fils, qui était à la cour de Suède, et était le seul destiné, par son père, à l'étude.

Saumaise avait eu six enfants, savoir : cinq garçons; Bénigne-Isaac, Claude, Josias, Louis et Louis-Charles, ainsi qu'une fille, Élisabeth-Bénigne, qui ne laissa pas de postérité. Il l'affectionnait plus que les autres, et le lui témoigna dans son testament, en faisant sept parts de ses immeubles dont deux pour Élisabeth, tandis qu'il ne faisait que six parts de ses meubles. On croit que sa veuve, retirée à Paris, y mourut dans le mois de mai 1657.

La vie de Saumaise qui a été publiée en tête de ses épitres par Antoine Clément, écrivain protestant, est en latin, comme celle qui a pour auteur Philibert de la Marre, conseiller au parlement de Bourgogne. Cette dernière est restée manuscrite et fait partie de la collection de feu M. Baudot, président de la Commission des Antiquités de la Côte-d'Or; une copie de ce manuscrit, par l'abbé Papillon, est à la bibliothèque de la ville de Dijon, à qui elle a été léguée par un autre M. Baudot.

On a comparé la femme de Saumaise à celle de Socrate, et la patience du savant à celle du philosophe. Cette patience, qu'avait admirée la reine Christine, était d'autant plus surprenante que, ne pouvant supporter la critique de ses contradicteurs, il était toujours en guerre avec les savants de son siècle. Du reste, Anne Le Mercier avait une si haute idée de son mari, qu'elle se glorifiait d'avoir épousé *le plus savant de tous les nobles et le plus noble des savants*. Les contemporains partageaient cette admiration, puisqu'on l'appelait emphatiquement : *le prince des doctes, le phénix des critiques, l'Ératosthène et le Varron de son siècle*, et qu'on disait à Leyde que *l'Académie ne pouvait pas plus se passer de Saumaise que le monde de soleil*.

Si ses ouvrages, presque tous latins, imprimés au nombre de quatre-vingts, et manuscrits au nombre de cent quatorze (je ne parle pas de cinquante-neuf commencés ou promis, et d'autres brûlés après sa mort) sont aujourd'hui fort peu lus, son nom vivra longtemps, grâce au vers de Boileau :

> Aux Saumaises futurs préparer des tortures.

Voyons ce que devinrent ses cinq fils. Deux d'entre eux l'avaient précédé dans la tombe : l'aîné, Bénigne-Isaac, qui fut tué à Paray-le-Monial en Charollais, par Théophile de Damas, baron de Digoine, en 1655, et le troisième, Josias, seigneur du Plessis qui, la même année, trouva la mort en Pologne, où il avait suivi Charles-Gustave. Le second, Claude, né en 1633, cornette des chevau-légers de la reine Christine, était très habile dans la critique, les belles-lettres et les langues savantes; il revint mourir à Beaune, et légua sa bibliothèque aux conseillers de la Marre et Lantin. Le quatrième, Louis, appelé en Angleterre par Charles II, probablement pour lui donner un emploi auprès de sa personne et acquitter sa dette de reconnaissance à l'égard du docte, était à Leyde en 1688, pour mettre en ordre un ouvrage posthume de son père, qu'il fit imprimer en l'année suivante à Utrecht sous le titre de *De homonymis Hiles Yatriew*. Le cinquième, Louis-Charles, fut page de l'électeur Palatin.

A ces détails, l'abbé Papillon ajoute, que de son temps, il restait quelques descendants de ces deux derniers en Hollande, où ils s'étaient retirés après la révocation de l'édit de Nantes. En 1790, il y en avait encore trois, dont deux colonels au service du Stathouder et l'autre capitaine dans un régiment suisse. L'un d'entre eux, à qui l'on avait écrit en faveur d'un officier français émigré, oncle de l'auteur de cette histoire, et désirant entrer au service de la Hollande, répondit qu'il le recommanderait d'autant plus volontiers que c'était un de ses parents.

Papillon parle également d'un Claude-Bernard de Chasans, gentilhomme bourguignon, mort en 1709 et auteur de l'*Histoire abrégée du siècle courant depuis 1600 jusqu'en 1686* (Paris, Coignard, in-12), augmentée d'un catalogue des historiens du même siècle. Il suppose cet historien fils de Louis de Saumaise, seigneur de Bouze et de Chasans, qui se retira en Hollande pour cause de religion: il le suppose aussi fils de Guillemette de Berbisey. Quoi qu'il en soit, ce Louis n'a jamais été seigneur de Chasans, ni Claude-

Bernard, et l'article suivant mentionnera une Guillemette de Berbisey, femme de François de Saumaise, seigneur de Bouze, Tailly et Clenay.

Moréri (1732, t. V) consacre aux Le Mercier l'article suivant :

« Jean Le Mercier, né à Uzès en Languedoc, était l'un des hommes les plus savants en hébreu qu'il y eut parmi les chrétiens, au dire même des juifs qui allaient l'entendre. Il succéda, en 1546, à François Vatable, surnommé le *restaurateur de la langue hébraïque, et professeur royal de cette langue à Paris*. Il exerçait cette charge avec tant d'éclat, que son auditoire était toujours rempli. C'est de son école que sortirent tous ceux qui surent alors, en France, quelque chose des langues hébraïque et chaldaïque. A son habileté dans ces deux langues, ainsi que dans le grec, le latin et la jurisprudence, il joignait un merveilleux jugement, une grande érudition, une candeur et une simplicité admirables, sans parler d'une vie irréprochable ; aussi le P. Simon, savant oratorien, ne lui trouvait aucun défaut, sinon d'être calviniste. Il avait épousé Marie d'Allier, fille d'un gentilhomme, nommé Lubin d'Allier, et d'Antoinette de Loynes, qui, depuis, prit une seconde alliance avec le célèbre Jean Morel, seigneur de Grigny. Marie d'Allier eut, de son premier mariage, Josias Le Mercier, habile critique, qui maria sa fille avec Claude-Louis de Saumaise, dit le docte. »

XIIe DEGRÉ (19)

Bénigne, Isaac de Saumaise.

XIIe DEGRÉ (19)

Josias de Saumaise, capitaine dans les armées de Gustave-Adolphe.

XIIe DEGRÉ (19)

Claude de Saumaise, cornette des chevau-légers de la reine Christine.

XIIe DEGRÉ (19)

Élisabeth de Saumaise.

XIIe DEGRÉ (19)

Louis de Saumaise, retiré auprès de Charles II.

XIIe DEGRÉ (19)

Louis-Charles, page de l'électeur Palatin.

XIVe DEGRÉ (21)

N. de Saumaise, colonel en 1790 dans les armées du Stathouder.

N. de Saumaise, id.

N. de Saumaise, capitaine en 1790 dans un régiment suisse.

François de Saumaise, seigneur de Bouze, Tailly et Clénory, gendarme des chevau-légers.

Il était le troisième fils de Bénigne de Saumaise et d'Élisabeth Virot.

En 1640 il rebâtit le château de Tailly, dont il reprit le fief en 1644, et dont il fit en 1645 le dénombrement pour une partie, comme héritier de son père et de son frère Jean, seigneur de Marteuil, ainsi que comme acquéreur d'un autre de ses frères, le docte, auquel le contrat du 12 mars 1643, reçu Michel, notaire à Dijon, donne les titres de seigneur de Grigny et de Saint-Loup, ainsi que de conseiller du roi en ses conseils d'État et privé.

François avait épousé Guillemette de Berbisey, fille de Perpetuo de Berbisey, président au parlement de Bourgogne, seigneur de Vantoux, Charancey-la-Beizol et Saney en partie, et d'Anne des Barres, qui devait elle-même le jour à un président au même parlement. Ils eurent quatre enfants : trois fils, André, Claude, Bénigne, et une fille nommée Anne. L'*Armorial de la Chambre des comptes de Dijon* se trompe en leur donnant un cinquième enfant dans la personne de Jeanne de Saumaise, seconde femme de Jean-Baptiste Millière, seigneur d'Aiserey et de Baissey, lieutenant-colonel de cavalerie; laquelle était fille de Pierre de Saumaise de Chasans, conseiller au parlement, comme on le verra plus loin.

M. Jules d'Arbaumont ne fait remonter la famille de Berbisey qu'à Perrenot, qualifié *marchand et bourgeois de Dijon*, vivant en 1390.

D'un autre côté, M. l'abbé Bougaud, dans son *Histoire de sainte Chantal*, dit qu'on trouve déjà des *Berbisey* aux Croisades. Ces deux assertions ne sont pas inconciliables, en admettant des dérogeances qui n'auraient pas empêché Perrenot de s'allier à la famille de saint Bernard, par son mariage avec Odette de Normant. Après lui, nous voyons un de ses fils, Guy, vicomte-mayeur de Dijon en 1437, son petit-fils Étienne, aussi vicomte-mayeur de 1475 à 1484. Nous voyons aussi parmi ses descendants dans la même ville, un greffier civil, criminel et des présentations, un secrétaire du roi, plusieurs officiers au bailliage, un maître des comptes; un trésorier du bureau des finances, un chevalier de Malte, commandeur de Beaune et de Chalon-sur-Saône; un grand nombre d'officiers au parlement, entre autres Jean, le dernier du nom, baron de Vantoux, président à mortier en 1700, et premier président en 1716, qui légua sa baronnie de Vantoux et son hôtel de Dijon à ses successeurs dans la première présidence et mourut en 1756 avec la réputation d'un magistrat intègre et d'un citoyen charitable. Il avait été insigne bienfaiteur du collège et de l'hôpital de Notre-Dame de la Charité, devenu, grâce à lui, un des plus beaux de la province. Maintenue en 1669.

Armes de Berbisey: *D'azur à une brebis paissante d'argent.*

Entrée aux États en 1688.

La famille des Barres, qui portait: *D'azur à la fasce d'or, chargée d'une étoile de gueules et accompagnée de trois croissants d'argent,* remonte à

Régnault des Barres d'Orsan, châtelain de Brazey, dans le bailliage de Saint-Jean-de-Losne, en 1386. Elle a produit un second châtelain de Brazey en 1422, un garde de la monnaie d'Auxonne en 1428; trois élus du roi aux États de Bourgogne en 1500, 1535 et 1568; des maitres aux comptes, un receveur général des États; un trésorier de France; un vicomte-mayeur de Dijon en 1573; plus tard conseiller et président au parlement de Bourgogne; un autre conseiller et deux autres présidents à la même cour; un gentilhomme de la chambre du roi en 1671; un lieutenant-colonel de cavalerie; deux chevaliers de Malte, des comtes de Cussigny et des seigneurs du marquisat de Mirebeau. Cette famille a été maintenue dans sa noblesse en 1666 et 1699; elle est entrée aux États en 1560. (*La Noblesse aux États de Bourgogne.*) Bernard des Barres, le premier des trois présidents, est mort archidiacre de Langres.

L'*Annuaire de la Noblesse* (1844, p. 356) nomme, parmi les croisés, Guillaume des Barres, comte de Rochefort (1189-1192), dont les descendants ont porté les titres de comtes des Barres et de barons de Marsac, et Érard des Barres, grand-maitre des Templiers; lesquels portaient : *D'azur au chevron d'or accompagné de trois coquilles aussi d'or.* Sortaient-ils de la même souche que les précédents, ainsi que Jean des Barres, maréchal de France, en 1318? Ce dernier portait : *Losangé d'or et de gueules,* et était devenu seigneur de Chaumont-sur-Yonne par son mariage avec Hélisanne, dame de ce lieu, et, d'après Moréri héritière de Guillaume, sire de Bannay, dont il eut Pierre des Barres, chevalier, père de Guillaume et de Guy des Barres.

XIIᵉ DEGRÉ (19)

André de Saumaise, seigneur de Bouze et de Tailly.

Il était l'aîné des enfants de François de Saumaise et de Guillemette de Berbisey, et il avait vu le jour en 1627.

En 1672, il épousa Bénigne de Tuffery, qui devait être fille de Rémond de Tuffery, sieur de Trapenard, capitaine d'une compagnie au régiment d'Uxelles, enseigne dans la garnison de Chalon-sur-Saône, anobli en 1646, pour services militaires. En 1668, la famille de Tuffery fit son entrée aux États, et s'allia en 1718, à celle de Thésut, dans la personne de Henriette, fille de Philippe-Alexandre de Tuffery, écuyer, seigneur de Trapenard, premier capitaine au régiment du Plessis-Bellièvre, major des ville et citadelle de Chalon, où nous venons de voir son père enseigne dans la garnison, et de Henriette de Ludres, chanoinesse, comtesse de Remiremont. Cette dernière étant morte, Philippe-Alexandre se remaria avec Jeanne Joly, des Joly, seigneurs et comtes de Bévy; laquelle étant devenue veuve, fit enregistrer le 20 octobre 1703 les armes de son mari : *D'azur à un lion d'or accompagné de trois roses d'argent, pointées de gueules, deux en chef et une en pointe, accolées aux siennes qui étaient: D'azur à un chevron d'or accompagné en chef de deux étoiles de même, et en pointe d'une tête d'enfant, posée debout et soutenue d'un croissant de même.*

L'*Armorial de la Chambre des comptes de Dijon* dit

qu'André de Saumaise, eut de Bénigne de Tuffery :
1º Rémond de Saumaise, écuyer, chevalier de Saint-
Louis, seigneur du fief de la Minutte. lieutenant, pour
le roi à Chalon-sur-Saône, mari de Marie-Anne Chalot,
entré aux États en 1724, et 2º très probablement
Bénigne de Saumaise, seigneur de Bouze, entré aux
États en 1700, mais je crois que ce Bénigne était frère
d'André, né le même jour que ce dernier en 1627.
L'Armorial se trompe également sur le nom patronymique de la femme de Rémond ; elle s'appelait Anne
Chapotot et portait : *De gueules à une fasce d'or de
trois pièces, au chef d'argent chargé d'un trèfle de
sable.* Leur mariage à Saint-Vincent de Chalon est
du... 1721. Claude Chapotot, seigneur de Rosey,
Loisey et Reversey, pourvu le 11 juin 1691 d'un office
de maître ordinaire aux comptes de Dijon, et reçu le
22 du même mois, était fils unique de Jacques Chapotot, trésorier de France à Dijon, et de Bénigne de la
Michodière, et avait épousé en 1693, Christine, fille de
Claude Vallot, avocat et grenetier au grenier à sel de
Dijon, dont la famille a donné à la même ville quatre
correcteurs aux comptes, et de Marie Joly des seigneurs
de la Grange-du-Pré, des comtes de Fleury, des barons
et des marquis de Blaisy, dont la famille a donné des
officiers aux cours de Dijon, de Metz, de Rennes et de
Paris. — La Michodière : *D'azur à une fasce d'or,
chargée d'un lévrier de sable, accolé de gueules.* —
Joly de la Grange, etc. : *D'azur à un lys au naturel
d'argent, d'un seul jet, au chef d'or, chargé d'une
croix pattée de sable, écartelé d'azur à un léopard
d'or, armé de gueules.* Cette famille a donné un chanoine de Saint-Étienne, à la veille d'être béatifié ; un
chevalier de Malte. *L'Armorial général de France*

(t. Ier, in-8, p. 140), généralité de Bourgogne, donne pour armes à Claude Vallot, contrôleur au grenier à sel d'Auxonne : *D'azur à une fasce d'argent, surmontée d'une fasce d'or, et un petit valet du même en chef, accosté d'un C et d'un V aussi d'or.*

XIIIe DEGRÉ (20)

Rémond de Saumaise et Anne Chapotot.

XIIe DEGRÉ (19)

Anne de Saumaise, dame de Bouze, sœur d'André, de Claude et de Bénigne de Saumaise.

Elle épousa Charles de Court, gentilhomme ordinaire de la chambre du roi, dont elle eut deux fils, Charles-Caton et Louis. Charles-Caton de Court Saumaise essaya de relever le nom de *Saumaise*, dont il porta la gloire à son *apogée*, si l'on en croit le conseiller de la Marre. Il était né le... mars 1654, à Pont-de-Vaux, et mourut, le 6 août 1694, au camp de Vignacourt. Il avait été choisi pour aider à l'éducation du duc du Maine, qu'il suivit au siège de Philisbourg, en 1688. L'année précédente, il était allé en Angleterre, où Bayle et plusieurs autres savants s'étaient fait un honneur de rechercher son amitié. Baillet dans ses *Enfants célèbres* désigne Charles-Caton, en parlant des enfants qui marchent sur les traces de leurs aïeux, *mais des ayeur*, dit-il, *qui ne sont rien moins que des Saumaise*. Il avait fait ses premières études à Bourg-en-Bresse, sa rhétorique et sa philosophie à Lyon, et avait appris seul le grec et les langues orientales. Avant d'être appelé auprès du fils de Louis XIV, il avait fait un voyage en Italie, et pendant son séjour à Rome, il s'était enfermé près d'une année dans le Vatican pour y étudier. Il a laissé plusieurs ouvrages, dont nous trouvons les titres dans la *Bibliothèque des auteurs de Bourgogne*, entre autres un manuscrit, conservé chez M. de la Marre et intitulé : *Remerciements de M. de Saumaise de Court à Messieurs de l'Académie royale de la reine de Suède à Rome,* prononcé en italien, le 19 mars 1679.

Louis de Court, né aussi à Pont-de-Vaux, abbé de Saint-Serge, fut reçu à l'Académie d'Angers, le 21 février 1721. Il s'occupait beaucoup de poésie, et le *Mercure* de novembre 1720, donne de lui une traduction en vers français du cantique de Moïse : *Audite, cœli, quœ loquor.* Papillon lui attribue d'autres productions.

Jean-Joseph de Court, sorti probablement de la même souche, que les deux précédents, épousa le 20 octobre 1716, Anne-Françoise d'Astanières, fille de Jean Pierre, conseiller du roi et son viguier perpétuel au diocèse d'Agde, maire perpétuel de Saint-Pons-de-Mauchiens, et de Marguerite de Corbières, dont il eut Jean-Étienne de Court, major de Bellegarde, chevalier de Saint-Louis; Marie-Jeanne mariée à N. de Roergas-de-Serviès, et Jean-Tristan, prêtre de l'Oratoire. Anne-Françoise était sœur de Louis d'Astanières, gendarme de la garde du roi, capitaine de cavalerie au régiment d'Alsace, en 1709, puis dans le régiment Étranger, lieutenant-colonel au régiment de Conty-Cavalerie, chevalier de Saint-Louis et pensionné du roi.

XIIᵉ DEGRÉ (19)

Claude de Saumaise, seigneur de Bouze.

Il était le second fils de François, seigneur de Bouze et de Guillemette de Berbisey, et épousa Marie-Madeleine de Saint-Léger ou Ligion, qui portait : *D'argent à la fasce de gueules, frettée d'or, accompagnée de trois étoiles ou molettes de sable.*

L'auteur de sa famille, dont l'entrée aux États de Bourgogne date de 1475, est Robert de Saint-Léger, époux d'Isabelle de Rully qui lui apporta en dot la terre de ce nom au XIVᵉ siècle. Un de ses fils, Philibert, marié à Jeanne de Grancey, mourut en 1398. Sa race se divisa en deux branches, dont l'une posséda la terre de Rully jusqu'au XVIIᵉ siècle, et l'autre, celle de Saint-Léger, Mercey, Glux, Villiers, Montregard. Claude de Saint-Léger, baron de Rully, capitaine de Chalon, fut tué par les ligueurs en 1593, et le mariage de sa petite-fille, Antoinette de Tintry, avec Nicolas-Bernard de Montessus, fit passer en 1600 la terre de Rully dans la famille de ce dernier. Un autre, Charles, issu de la seconde branche, fut capitaine au régiment de Tavannes de 1638 à 1647. On trouve, en 1346, un Jean de Saint-Ligier, marchand apothicaire à Dijon, dont la sœur fut mariée à Charles de Baissey, seigneur de Beaumont. (Voyez *La Noblesse aux États de Bourgogne,* dont l'auteur a oublié l'alliance des Saumaise.)

Grancey : *D'or au lion d'azur, couronné, armé et lampassé de gueules.* Cette famille a donné le troisième vicomte héréditaire de Dijon ; un connétable de Bourgogne de 1193 à 1212 ; un lieutenant du duc à Dijon en 1300 ; un gouverneur de Bourgogne en 1370 ; un chambellan de Philippe le Hardi en 1382 ; deux évêques d'Autun au XIVe et au XVe siècle. Elle est entrée aux États en 1352.

Baissey : *D'azur à trois quintefeuilles d'argent, posées deux et une.*

Cette famille, originaire de Hollande et établie en Bourgogne, reprit le fief de Baissey en 1229 et entra aux États en 1491. Entre autres illustrations, rappelons que Jean de Baissey, seigneur de Beaumont, fut nommé louvetier en 1584 et grand gruyer de Bourgogne en 1508 ; qu'Antoine de Baissey, chevalier, était chambellan du roi et bailli de Dijon en 1501 ; que Louis de Baissey était chevalier de l'ordre en 1573, et qu'André de Baissey l'était en 1620. Cette famille a fourni à l'Église un archevêque de Besançon au XIVe siècle ; un abbé de Citeaux et un abbé de Saint-Bénigne au XVIe siècle. Outre la baronnie de Thil-Châtel, elle a possédé les terres de Chana, Beire, Longecourt, Orville, la Chaume, Daix, Charmes, Brétenières, Varennes, la Gorge dans l'Autunois, Avelanges, Beaumont-sur-Vingeanne, la Tour-du-Bois, Tart, etc. (*La Noblesse aux États de Bourgogne*, p. 117.)

XIIe DEGRÉ (19)

Bénigne de Saumaise, qualifié comme son frère Claude, seigneur de Bouze, était le troisième fils de François de Saumaise et de Guillemette de Berbisey.

C'est donc à tort que l'*Armorial de la Chambre des comptes de Dijon* le donne pour fils à André, qui est son frère.

BRANCHE DE JÉROME DE SAUMAISE

IXᵉ DEGRÉ (16)

Hiérosme de Saumaise, que nous appellerons Jérôme à l'exemple de Palliot, pour le distinguer des Saumaise qui portent le même prénom, était le second fils de François de Saumaise, seigneur de Chasans et de Chambeuf. Il a possédé ces deux seigneuries, et y a joint celles de Curley, de Villars-Fontaine, de Nanteuil, de Maligny, etc. Né probablement à Dijon en 1531, il y mourut en 1614 et fut inhumé dans la chapelle dite des *Saumaise*, à Saint-Pierre, l'une des églises paroissiales de la même ville; église détruite pendant la première période révolutionnaire.

En 1568, il fut pourvu d'une charge de conseiller au parlement de Bourgogne, l'une des huit charges rétablies par Charles IX, dans laquelle il fut reçu l'année suivante, au mois de janvier et dans laquelle il servit quarante-cinq ans. Il mourut doyen de sa compagnie.

En 1572, il était déjà en possession de Chasans et de Curley, du vivant de son père, comme le prouve un contrat d'acquisition du 1ᵉʳ mars de la même année, où il est question d'*une cave à prendre à Curley sous la maison appartenant à Noble Hiérosme de Saumaise, seigneur de Chasan et de Curley.* (Arrêt de 1613.)

En 1579, il épousa Bénigne de Poligny, fille de Jean de Poligny (Poligny : *D'azur à un vase d'or, rempli de trois lys au naturel d'argent*), bourgeois de Dijon et d'Anne Malyon, laquelle devait sans doute le jour à Bénigne Malyon, administrateur de la mairie de Dijon en 1531. Par ce mariage, il devenait le beau-frère de Jean de Poligny, seigneur de Drambon, conseiller au parlement de Bourgogne, et de Jeanne de Poligny, femme de Pierre Bouhier (Bouhier : *D'azur à un bœuf passant d'or*), conseiller à la même cour et commissaire aux requêtes.

En 1580, il présenta une requête pour reprendre le fief de la seigneurie de Chasans, mouvante du roi, à cause de sa châtellenie de Vergy. Cette seigneurie lui était advenue dans le partage de la succession de ses père et mère.

En 1582, il était veuf, et signait le 30 novembre, tant en son nom qu'en celui de Bénigne, seul fruit de son mariage avec feue Bénigne de Poligny, un compromis où figurent d'un côté Anne Malyon, tant en son nom qu'en ceux de ses enfants, et de son mari Jean de Poligny, et Pierre Bouhier, tant en son nom qu'en celui de Jeanne de Poligny, sa femme, et d'un autre côté noble Edme de Chantepinot, avocat du roi, au bailliage de Dijon, et Anne Durand, sa femme.

Le 10 avril 1581, Jérôme assista à l'exécution testamentaire de feu Mre Bénigne Jaqueron, président aux comptes et ancien gouverneur de la province, frère de sa mère, en présence du juge-gouverneur de la chancellerie de Bourgogne.

La même année il se remaria avec Catherine de Latour, fille de Claude de Latour, écuyer, seigneur dudit lieu, situé à Villars-Fontaine, et de Didière Tabourot, de la famille d'Étienne Tabourot, sieur des Accords, si connu par ses *Bigarrures*. Catherine était petite-fille d'Antoine de Latour, maire de Beaune en 1568 et 1574, et de Jeanne Gaudry ; elle était sœur de Marc-Antoine de Latour, écuyer, seigneur de Villars-Fontaine, Nanteuil, Maizerotte, Messange, Chavannes, Pervey, Saint-Prix et partie de Corgengoux.

La famille de Latour ou de la Tour portait : *D'argent à la rivière d'azur, surmontée d'une tour de gueules.*

Le 20 septembre 1596, pour la somme de 580 écus, Jérôme se rendit adjudicataire du bois d'Espoisses (neuf-vingts arpens) et du bois du Chêne (dix-huit arpens) avec haute, moyenne et basse justice, situés dans la châtellenie de Vergy et appartenant au domaine de la Couronne : l'aliénation à perpétuité en avait été ordonnée, par un édit royal de 1591 et avait eu lieu dans l'auditoire royal de Dijon en présence du procureur général au parlement de Bourgogne, et d'une commission, composée de Bénigne Frémiot, chevalier, seigneur de Tôtes, vicomte-mayeur de Dijon, conseiller au Conseil d'État, président au même parlement, de Claude Bourgeois, chevalier, sieur de Crespy, aussi conseiller d'État et président au parlement, d'Antoine Brocard, conseiller du roi, président de la Chambre des comptes de Bourgogne et Bresse, et de Claude Le Compasseur, aussi conseiller du roi et président au bureau des finances, en la charge et généralité de Bourgogne. Le 3 novembre suivant, il fut mis en possession de ces bois par ce dernier à qui l'acte ajoute la qualification du sieur de la Motte, d'Ahuy et de Belleneuve et qui s'était fait accompagner par le greffier, M. Pierre Le Mercier et par noble M. Hugues Picardot, conseiller du roi en son Conseil d'État et son procureur général à la cour du parlement de Bourgogne.

Le 30 juin et le 28 août 1597, Jérôme s'adressa à la

commission des requêtes du palais, pour régler ses droits et ceux des curés de Chambeuf, de Curley et de Reulle, qui prétendaient un droit de dîmes sur les *essarts* et les *novales* des bois d'Espoisses.

Le 28 janvier 1612, Jérôme et Catherine se firent une donation réciproque, et le 15 avril 1614, peu après la mort de son mari, Catherine vendit trois rentes à Maligny, avec la terre de Nanteuil, à son frère Marc-Antoine de Latour. Conformément aux intentions de son mari, elle fit un testament ou une donation entre vifs, le 25 septembre 1619, et céda à son fils aîné François, le futur procureur général, son domaine de Gevrey et trois mille livres par préciput.

Le 8 avril 1632, elle fit un dernier testament, dans lequel elle confirmait cette donation de trois mille livres. Par le même testament, elle donnait à François, alors procureur général à la Chambre des comptes de Bourgogne et Bresse, la terre de Chasans, en toute justice, avec toutes ses dépendances, la moitié des bois d'Espoisses et du Chêne, achetés, nous l'avons vu, en 1596, et une maison à Dijon, qu'il habitait depuis son mariage; elle donnait à son second fils, Pierre, conseiller au parlement de Bourgogne, la terre de Curley, acquise de M. de la Berchère (le président), et une rente en principal de quatre cent cinquante livres, sur M. de Joncey; elle donnait à son quatrième fils, Claude, le futur oratorien, demeurant à Paris, et peut-être encore secrétaire du cabinet de Monsieur, frère du roi (Louis XIII), la partie de la terre de Chambeuf, dont il ne jouissait pas, et l'autre moitié des bois d'Espoisses et du Chêne. Ces legs étaient accompagnés d'autres moins importants dans lesquels elle n'oubliait pas les enfants de Bénigne, qu'elle appelait *son fils*, quoiqu'il fût celui de Bénigne de Poligny, la première femme de son mari. Elle avait perdu son troisième fils, Jean, qui était mort à 25 ans en 1625, léguant sa fortune à sa mère.

Elle avait deux filles religieuses : Guillemette, carmélite à Dijon, et Marguerite, première professe du grand ordre de Saint-Dominique, qui mourut dans la même ville en odeur de sainteté et a été inscrite au 12 janvier de l'année dominicaine.

Dans son dernier testament, elle obligeait ses fils à desservir une rente de soixante livres à Guillemette et *ses sœurs*, religieuses au couvent des Carmélites de Dijon. Comme elle n'y prononce pas le nom de Marguerite, nous devons croire que cette dernière avait reçu la récompense due à ses vertus.

Les principales dispositions de ce testament ne tardèrent pas beaucoup à être modifiées, puisque les deux frères François et Pierre sont qualifiés simultanément *seigneurs de Chasans et de Curley*, dans l'enquête de 1611. Du reste, les Saumaise n'ont jamais eu que la moitié de cette dernière seigneurie, l'autre moitié faisant partie du domaine de la Couronne. Claude n'eut aussi en réalité qu'une partie de la terre de Chambeuf, l'autre partie appartenant à la collégiale de Saint-Denis transportée à Nuits après la destruction du château de Vergy.

Courtépée, comme il est facile de s'en assurer, est tombé dans de graves erreurs, à l'article *Chambeuf*. Suivant lui, le chapitre de Saint-Denis aurait vendu en 1640 cette terre à Pierre de Saumaise, greffier du parlement, et l'oratorien Claude de Saumaise, *son fils*, en aurait joui. En effet, l'oratorien en a joui, non pas à titre de fils du greffier, mais de fils du doyen du parlement. Quant à celui des Saumaise, qui posséda le premier la terre de Chambeuf, il est inconnu. On sait seulement que, en 1465 et peut-être même en 1440, Jacques, fils de Hiérosme de Saumaise, chevalier, était qualifié seigneur de Lusigny de Chasans et de Chambeuf, ce qui reportait à plus de deux siècles l'entrée de ce dernier fief dans la maison de Saumaise.

On voit, par le testament de 1632 et par d'autres titres, que le manoir de Chasans avait encore un pont-levis, et au-dessus de la porte de ce pont-levis *les armes des Saumaise et des Jacqueron* que François, beau-père de Catherine de Latour, y avait fait graver. On voit aussi par ce même testament, que cette dernière n'y faisait que de rares apparitions, puisqu'elle ne croyait pas pouvoir mourir ailleurs qu'à Dijon où à Beaune. En effet, elle charge dans la première ville son neveu, le chanoine Saumaise, de la Sainte-Chapelle, d'exécuter ses dernières volontés, et dans la seconde, elle en charge M. l'avocat Leblanc père. Elle lègue *deux écus* à celui des deux qui sera l'exécuteur testamentaire. Si elle mourait à Dijon, elle voulait être enterrée dans l'église de Monsieur Saint-Pierre auprès de M. de Chasans (*sic*), son mari; si elle mourait à Beaune, elle voulait être enterrée dans l'église Notre-Dame auprès de ses prédécesseurs.

On ignore la date et le lieu de sa mort. Catherine ne parle pas dans son testament de la maison renfermée dans l'enceinte du château de Vergy, d'abord parce qu'elle n'existait plus, ayant subi le sort du château, ensuite parce que l'enquête de 1611 nous apprend qu'elle appartenait depuis longtemps à François, l'aîné des enfants de Jérôme et de Catherine, qui en a été le dernier propriétaire et a dû recevoir une indemnité quelconque.

Les Poligny portaient : *D'azur à un vase d'or, rempli de trois lys au naturel d'argent.*

Malyon ou Mallion. Cette famille tenait aux Arminet du Châtelet, dont un échanson de la duchesse Anne de Bretagne, né vers 1410; aux Legoux de Gerland et de Saint-Seine; aux Moisson du Bassin, etc.

Tabourot : *D'azur ou chevron d'or accompagné de trois tambours d'or, alias d'argent, au chef aussi d'argent, chargé d'un lion passant de sable.* Devise : *A tous accords.*

Connue dès le XVe siècle et originaire de Flandres, cette famille est entrée aux États de Bourgogne en 1668. Elle a fourni un secrétaire du duc Charles, un maître extraordinaire et plusieurs maîtres ordinaires des Comptes de Dijon ; un vicomte-mayeur de la même ville en 1532 ; deux procureurs du roi au bailliage et deux lieutenants-généraux à la table de marbre de Dijon ; un grand prévôt de Chaumont en Bassigny ; un conseiller d'État ; un chanoine officiel de Langres. et l'auteur si connu des *Bigarrures* et des *Escraignes.* (*La Noblesse aux États de Bourgogne.*)

Gaudry. — Pierre-Anne Gaudry du Bost, seigneur du Bost. bailliage d'Autun, 28 mars 1789: *D'azur au chevron d'or. accompagné de trois moutons d'argent.* (*La Noblesse aux États de Bourgogne,* p. 89.)

Jean-Baptiste Gaudry, avocat en parlement : *D'azur à un chevron d'or. accompagné de trois moutons passant d'argent, deux en chef affrontés et un en pointe* (*Armorial général de France,* généralité de Bourgogne. t. II. p. 153). Barthélemy Gaudry, cha-noine de l'église cathédrale d'Autun : *D'azur à trois moutons passant d'argent et posés deux et un* (même ouvrage. même tome. p. 165). Ces trois personnages ont un grand air de famille. N'auraient-ils de commun que le nom avec Jeanne Gaudry, femme d'Antoine de Latour, maire de Beaune en 1568 et 1574?

Xᵉ DEGRÉ (17)

Jean de Saumaise.

Xᵉ DEGRÉ (17)

Guillemette de Saumaise, carmélite.

Xᵉ DEGRÉ (17)

Marguerite de Saumaise, dominicaine, morte en odeur de sainteté.

Xe DEGRÉ (17)

Bénigne de Saumaise, plus connu sous le nom de *Chasans*, dont il n'a jamais été seigneur, que sous celui de *Saumaise*, a été successivement conseiller, secrétaire de Monsieur, frère du roi (Louis XIII), commissaire extraordinaire des guerres et conseiller d'État. Il était fils de Jérôme de Saumaise et de Bénigne de Poligny.

Il avait commencé par être secrétaire de Mme la princesse de Conty, etc., c'est en cette qualité que, en 1614, il protesta contre la rétrocession, par lui consentie, d'héritages situés à Gevrey et à Renève, au profit de son père et de sa belle-mère Catherine de Latour, laquelle n'en conçut pas de ressentiment, comme nous l'avons vu à l'article précédent.

Le 19 décembre 1618, il ne faisait plus partie de la maison de la princesse de Conty, mais de Mgr le duc d'Anjou, frère unique de Sa Majesté. C'est ce que nous apprend son contrat de mariage de ce jour avec Éléonore du Buisson, fille de feu Anne Tarteron et de Hiérosme du Buisson, écuyer, gentilhomme de la Faulconnerie royale, lieutenant, commandant pour S. M. dans le donjon de Vincennes, sous la charge de M. de Vernay, gouverneur et capitaine de ce donjon, au nom et comme stipulant pour Éléonore du Buisson, sa fille.

La future épouse faisant partie de la maison de la

reine, le contrat reçu Mathieu Bontemps et Étienne Comtesse, notaires du roi en son Châtelet de Paris, fut passé dans la chambre de Leurs Majestés, en leur présence et de leur autorité : en présence de Monsieur, frère du roi, de Mmes Chrestienne et Henriette-Marye, ses sœurs ; en présence de Mme la princesse de Conty ; de Mme la Connétable ; de MM. les comtes de Montbason et de Lude ; de MM. de Lynes (*sic* pour Luynes) et de Branthe frères, tous amis des parties, encore en présence d'Alexandre du Buisson, écuyer, gentilhomme de la Faulconnerie, frère d'Éléonore et de plusieurs autres seigneurs, dames et damoiselles.

Le nom de *Saumaise* fait complètement défaut dans ce contrat, où l'on ne voit figurer ni les père et mère du futur, ni sa belle-mère qui lui survivra longtemps, ni ses frères. Quant au futur, il est simplement *noble Bénigne de Chasant*, mais le nom de *Saumaise* lui sera rendu dans l'inventaire du 20 au 30 décembre, fait après son décès. Dans ce dernier acte, on voit enfin figurer ses trois frères, et lui-même y est devenu *Messire Bénigne de Saumaise de Chasant, notaire et secrétaire du roi, son conseiller en son Conseil d'État, et secrétaire des commandements de Monsieur, frère de S. M.*

Il mourut le 19 septembre 1621, à Moissac, où il avait suivi ce prince, pour remplir les devoirs de sa charge. Sa veuve eut pour curateur son père Hiérosme du Buisson, alors gouverneur pour le roi de la ville et du château d'Argenton en Normandie, et ses enfants, dont elle était tutrice, eurent pour subrogé-tuteur leur oncle paternel, François de Saumaise de Chasans. L'inventaire eut lieu à Paris, en présence du curateur, du subrogé-tuteur, de Pierre de Saumaise de Chasans, frère du subrogé-tuteur. Les enfants étaient au nombre de trois: Charlotte, dont nous parlerons plus loin, Louis et Alexandre, qui n'ont pas laissé de postérité. Ces derniers ne figurent que comme *sieurs de Chasans*, dans l'arrêt de la Cour des aides de Paris en 1643. Louis, qui n'avait qu'un an à l'époque de la mort de son père, devint capitaine de la citadelle de Han ou Ham, et Alexandre né posthume, a été page de la reine.

XIᵉ DEGRÉ (18)

Charlotte de Saumaise de Chasans, connue sous le nom de comtesse de Brégy, avait deux ans lorsqu'elle perdit son père, Bénigne de Saumaise de Chasans. Elle devint dame d'honneur de la reine mère, Anne d'Autriche, qui l'honora de son amitié et lui en donna des preuves dans son testament.

Elle passait pour une des femmes les plus belles et les plus spirituelles de son temps, et n'était pas moins aimable; c'est ce que lui dit Benserade dans une épitre en vers qu'il lui adressa. Ses lettres et ses poésies publiées à Leyde, chez Daniel en 1666, et chez Jean Sambrin en 1668, montrent combien d'illustres amis lui avaient valu *ses manières polies* au dire de Papillon. Le même auteur ajoute : Cette dame parut toujours aimable, même dans un âge avancé; ce qui donna occasion à quelque courtisan malin de faire ce couplet de chanson :

> Vous avez, belle Brégy,
> Plus de printemps que les lys,
> Car les lys n'en ont qu'un.
> Vous en aurez cinquante et bientôt cinquante-un.

Elle mourut le 13 avril 1693, à 74 ans, et fut inhumée à Saint-Gervais (Paris) où l'on voit son épitaphe avec celle de son mari. Ce dernier était Messire Guillaume de Flecelles, comte de Brégy, lieutenant-général des armées du roi, conseiller d'État d'épée, envoyé extraordinaire en Pologne et ensuite ambassadeur en Suède.

Les *Tablettes généalogiques* citées par La Chesnaye des Bois, donnent au mari de Charlotte le prénom de *Léonor* et les titres *de marquis de Brégy, de vicomte de Corbeil et de seigneur de Tigéry*, sans parler de *Saint-Sévère*, ancienne baronnie du Berry, dont il fit l'acquisition.

Elles le disent petit-fils de Jean de Flecelles, seigneur du Bois, d'Iverny et de Flecelles, près d'Amiens, vicomte de Corbeil, secrétaire du Conseil d'État, puis reçu, en 1626, président en la Chambre des comptes de Paris ; et de Catherine d'Elbène, d'une illustre famille de Florence, remontant à Jacques d'Elbène, surnommé le Grand, quatre fois prieur de la liberté de la République, en 1334, 1338, 1342 et 1360, et trois fois souverain gonfalonnier, en 1352, 1355, 1360.

De la même famille sortait Jacques de Flecelles, gentilhomme de l'Amiénois, l'une des premières victimes de la grande Révolution française. Il avait été intendant de Bretagne en 1765, ensuite intendant de Lyon, où il avait fondé un prix pour le perfectionnement de la teinture de la soie ; enfin, prévôt des marchands de Paris, où il fut massacré le 14 juillet 1789.

Armes de Flecelles : *D'azur au lion d'or, au chef d'or chargé de trois tourteaux de gueules.*

Armes d'Elbène : *D'azur à deux bâtons tigés par le pied de trois racines et fleurdelisés par le haut, posés en sautoir, le tout d'argent.*

Xᵉ DEGRÉ (18)

François de Saumaise de Chasans, seigneur de Chasans, Curley et Chambeuf, des bois d'Espoisses et du
Chesne, procureur général en la Chambre des comptes
de Bourgogne et Bresse, était l'aîné des trois fils de
Jérôme de Saumaise et de Catherine de Latour.

Il épousa en 1617, Anne-Marguerite Jaquotot, fille
de feu noble Jean Jaquotot, maitre des comptes à
Dijon, où habitaient les deux familles, et de Claude
Godran, parente de sainte Chantal par Guillemette
Godran, aieule de cette sainte. Dans leur contrat de
mariage, figurent Catherine de Latour, mère du futur;
Alexandre Tabourot, écuyer, seigneur de Véronnes,
conseiller à la table de marbre du palais et parent de
l'auteur des *Bigarrures;* noble Marc-Antoine de Latour, seigneur de Villars-Fontaine et de Nanteuil,
oncles maternels de François : Pierre de Saumaise,
frère de ce dernier, conseiller au parlement de Bourgogne. Du côté de la future, les assistants étaient :
Noble Nicolas Jaquotot, son frère, conseiller à la même
Cour; noble Jean Fleutelot, son beau-frère, époux de
Marthe Jaquotot et maitre aux comptes à Dijon ; noble
André Moisson ou des Moissons, seigneur du Bassin,
conseiller au parlement de Bourgogne : noble Pierre
Fournerell, receveur général des États de la même province, son curateur.

François reçut de Louis XIII, en 1619, un brevet de

maitre d'hôtel ordinaire de son frère Gaston, en remplacement de M. du Bernet où il n'est que le *sieur de Chasant*.

La même année, d'accord avec sa femme, il vendit à son frère Pierre, une maison composée de deux corps de logis *séparez d'ung grand pignon*, dans la rue des Halles ou tirant aux Halles, à Dijon. Elle provenait de la succession de Jérôme, leur père, et était vendue trois mille livres. Serait-ce par hasard l'ancien hôtel de Crux vendu au chancelier Rollin, en 1441, acquis par Odinet Godran, en 1464, et habité par MM. de Chasans, avec lesquels Courtépée pourrait bien confondre MM. de Saumaise de Chasans?

En décembre 1621, après le décès de son frère Bénigne, à Moissac, il assista à son inventaire qui eut lieu à Paris et y remplit les fonctions de subrogé-tuteur des enfants nés et à naitre.

Le 6 janvier 1629, il acheta de Lazare de Pringles, écuyer, la charge de procureur général à la Chambre des comptes de Bourgogne et Bresse, qu'il paya 38,000 livres, et dans laquelle, il éprouva beaucoup de contrariétés de la part des avocats généraux à la même Cour. En 1643, il obtint du Conseil d'État un règlement de leurs droits respectifs, et le 1er janvier suivant, il vendit sa charge à noble François Garnier, avocat au parlement, pour la somme de 33,000 livres.

En 1641, François reprit de fief de la seigneurie de Chasans et en donna le dénombrement en 1644.

En 1642, il intervint, avec ses parents, dans le procès de *noblesse* soutenu par Daniel de Saumaise contre la commune de Vezelay.

Le 10 septembre 1644, il eut la douleur de perdre son fils Marc-Antoine, capitaine au régiment d'Enghien, tué à Soleure (Suisse), et fit rapporter son corps à Beaune. Il reçut, à cette occasion, deux lettres de condoléance de M. de Caumartin, petit-fils du garde des sceaux de ce nom et intendant de Champagne.

En 1646, il acquit la portion de son frère l'oratorien dans la terre de Chambeuf et dans le bois d'Espoisses, qu'il vendit avec le consentement de sa femme, les 28 et 29 juillet 1647, à noble Claude Martin, son gendre, et à sa fille Catherine, femme de ce dernier.

Le 31 juillet 1648, sous le portail de son château de Chasans et en présence de Philibert Belin, châtelain de Vergy et juge ordinaire en la justice de Chasans, François se fit délivrer la reconnaissance d'une obligation de 93 livres qu'il avait fournies de ses deniers. Le 5 du mois suivant, devant le grand portail du même château, il fit rendre par Messieurs de la justice de Chasans, *une sentence de réparation, de satisfaction et dispens pour insultes et voies de fait contre sa personne.*

François et Anne-Marguerite ont témoigné de leur attachement à la foi catholique, en s'affiliant aux ordres des Chartreux et des Capucins, ainsi qu'à la confrérie du Rosaire, établie à Dijon, dans l'église des Jacobins (Dominicains).

Le mari mourut le 8 octobre 1657, au château de Chasans, et sa veuve vivait encore en 1679.

Ils eurent six enfants : Marc-Antoine, qui suit ; Françoise-Catherine et Marie qui suivront ; Nicole et Anne. Ces deux dernières étaient entrées en 1630 dans le monastère des Ursulines de Nuits, chacune avec une dot de 3,000 livres, dont les échevins et le syndic avaient donné quittance, le 29 août de la même année, à leur père, et où, tout porte à le croire, elles ont persévéré jusqu'à la fin.

Jaquotot, Jacquotot, Jacotot : *D'azur à trois pattes de griffon d'or et croissant en abyme.* — Cette famille remonte à Étienne Jaquotot, vicomte-mayeur de Dijon en 1545 et 1546, et à Catherine Sayne des comtes de la Motte-Palliers, de Thil, etc. Elle a donné deux maitres aux comptes en 1570 et 1619 ; deux conseillers au parlement de Bourgogne, des seigneurs de Marcheseuil, de Masse, de Thorey et de Buisson-sur-Ouche. (Arm. de la Chambre des comptes de Dijon.)

Godran, Goudran : *D'azur au cadran d'or, les rayons et les aiguilles de même, les heures de sable.* — De cette famille sont sortis deux seigneurs de l'éminage, un vicomte-mayeur de Dijon en 1551, 1553, quatre conseillers au parlement de Bourgogne en 1485, 1494, 1521, 1552 ; deux présidents à mortier au même parlement en 1537, 1563, un doyen de Saint-Jean, littérateur distingué, un chanoine de la Sainte-Chapelle en 1567, puis abbé commandataire de Sainte-Marguerite ; deux maitres aux comptes en 1524 et 1532 ; un chevalier de Malte en 1587 ; un otage des Suisses racheté par mille écus soleil en 1513 ; un historien des chevaliers de la Toison d'or et des quatre derniers ducs de Bourgogne ; un secrétaire du roi en 1605 ; le fondateur du collège des Godran, en 1653 ; des barons d'Antilly, Champseuil et Lochère ; un président au parlement de Dôle, après avoir été chef du conseil de Maximilien d'Autriche.

Fleutelot : *D'azur à trois trèfles de sable, au chef de gueules chargé d'un soleil d'or, alias d'argent à trois trèfles d'azur.* — Cette famille remonte à Jean Fleutelot, praticien, syndic de la ville de Dijon en 1559, dont le fils René, procureur au parlement, syndic de la ville, vicomte-mayeur en 1591, fut anobli par Henri IV

*pour s'être beaucoup employé à la réduction de la
ville.* Il fut en même temps gratifié d'une charge de
président aux comptes, dans laquelle la mort l'empêcha
de se faire recevoir. D'autres branches de la même
famille ont fourni un auditeur : trois maîtres aux
comptes en 1583, 1607, 1608 et 1611 ; un maître d'hôtel
du roi en 1633 ; six conseillers au parlement de 1649 à
1733. L'un d'eux devint doyen des conseillers en 1769.
Cette famille maintenue en 1669 et 1698, est entrée aux
États en 1671, et a exercé à Dijon ces différentes charges au parlement et aux comptes. (Arm. de la Chambre
des comptes de Dijon.)

Moisson ou des Moissons : *De sinople, à la bande
ondée d'argent de trois pièces ; au chef d'azur, chargé
de trois étoiles d'or.* Devise: *Sine messe fames,* et *En
moisson loyauté.* — Famille originaire de Chambolle,
entre Nuits et Dijon, et remontant à Jean Moisson,
secrétaire du roi, échevin de cette dernière ville, et
receveur général des finances de Bourgogne en 1389,
puis grénetier au grenier à sel et receveur du bailliage
de Dijon en 1394 et 1401.

Cette famille est entrée aux États en 1577 : parmi
ses membres, on remarque Jean, qualifié *bourgeois de
Dijon* en 1435 ; Jacques, vicomte-mayeur de la même
ville en 1539 et 1542, et gouverneur de la chancellerie
aux contrats du duché, dont le fils Jean et le petit-fils
André furent maîtres des requêtes de l'hôtel ; celui-ci
ayant précédemment exercé la charge de conseiller au
parlement de Bourgogne en 1605. Élie, avocat général
au même parlement en 1520, 1529, 1531 ; un doyen de
Saint-Étienne et vicaire général de Dijon. A la même
famille appartenaient sans doute un écuyer, seigneur
en partie d'Oncey, près de Noyers, en 1412 ; un écuyer

de cuisine et contrôleur de l'artillerie du duché en 1456, et un chef de chambre dans la compagnie du Sire d'Agey en 1476.

Fourneret : *D'azur à trois mûres de pourpre et une croisette d'or en abyme.* — Cette famille, entrée aux États en 1748, remonte à Jean Fourneret, seigneur de Bellevesvre en 1451, dont le fils a été capitaine et châtelain de Bellevesvre, où il possédait en fief, comme son père, une maison et quelques héritages. Elle a donné un auditeur et un correcteur des comptes à Dijon ; deux trésoriers de France en 1610 et 1666 ; deux receveurs généraux des États de Bourgogne, dont l'un fut vicomte mayeur de Dijon en 1637. En 1456, Nicolas, licencié en lois, était lieutenant du bailli de Dijon. Courtépée relate une chapelle dite des Fourneret à Bellevesvre, bourg de la Bresse chalonnaise. Ce qui concerne les Fourneret et les Moisson est extrait de l'Armorial de la Chambre des comptes de Dijon.

Quant aux Tabourot, voyez l'article Jérôme de Saumaise, p. 80.

XIe DEGRÉ (18)

Anne de Saumaise, religieuse ursuline.

XIe DEGRÉ (18)

Nicole de Saumaise, religieuse ursuline.

XIe DEGRÉ (18)

Marc-Antoine de Saumaise de Chasans, baptisé le 27 avril 1620 sous l'unique nom de *Chazan*, et comme fils de noble François de *Chazan*, maître d'hôtel ordinaire de Monsieur, frère du roi, et de demoiselle Marguerite Jaquotot, fut tenu sur les fonts baptismaux par son grand-oncle Marc-Antoine de Latour, seigneur de Villars-Fontaine. Il fut lui-même parrain le 21 mai suivant, sous les noms de *Saumaise de Chasan*.

En 1636, il était enseigne au régiment de Conty. Nommé capitaine à celui d'Enghien, le 21 janvier 1643, il vendit le 2 mars suivant, à noble Jacques Quarré, une compagnie qu'il commandait au régiment de Vaudy.

Il ne se maria pas, ayant à peine vingt-quatre ans lorsqu'il fut tué à Soleure (Suisse) le 18 septembre 1644. On ne dit pas de quelle manière. Tout ce que l'on sait, c'est que ses entrailles restèrent aux Minimes de cette ville, et que son corps embaumé et ramené en France dans un cercueil de plomb, fut inhumé à Beaune, probablement dans la première chapelle latérale, à gauche, en entrant dans l'église Notre-Dame. On voyait autrefois dans cette chapelle les armes de la maison de Saumaise.

Une quittance du 23 octobre 1645 atteste que M. Pommier, curé de Notre-Dame, a reçu 50 livres pour la desserte des messes qui y ont été célébrées pendant six mois, pour le repos de l'âme de noble Marc-Antoine de Saumaise, capitaine aux armées de Sa Majesté.

XIe DEGRÉ (18)

Françoise de Saumaise de Chasans, l'une des sœurs de Marc-Antoine et dame de Chasans.

En vertu de trois requêtes des 20 janvier, 11 février et 3 mai 1690, signées Françoise de Saumaise de Chasans, et adressées aux lieutenants-généraux des bailliages de Dijon, de Chalon et de Beaune, elle se fit mettre en possession des propriétés abandonnées, après la révocation de l'édit de Nantes, par ses cousins, Louis-Charles et Louis de Saumaise, enfants et héritiers de Claude-Louis, ou Louis-Claude de Saumaise ; elles étaient situées dans ces trois bailliages. Dans les deux premières requêtes, on voit que le Docte, père des deux cousins de François, s'appelait non seulement Claude, mais encore Louis, quoique les historiens ne lui donnent jamais ce dernier nom.

Après la mort de Françoise, ces propriétés passent à des parents éloignés. Quant à la terre de Chasans, que sa mère avait aliénée pendant son veuvage, Françoise y rentra, et la partagea dans son testament du 17 août 1689 entre sa nièce Marie-Marguerite Martin et son neveu Marc-Antoine du Bard, qui ajouta à son nom celui de Chasans, et le transmit à son fils et à l'un de ses petits-fils.

Françoise mourut sans alliance en 1691.

XIe DEGRÉ (18)

Catherine de Saumaise de Chasans, l'une des sœurs de Marc-Antoine de Saumaise de Chasans, épousa en 1635 Claude Martin, écuyer, avocat au parlement de Bourgogne, et plus tard seigneur de Chambœuf par acquisition, en 1647, sur François de Saumaise, son beau-père, et sur Anne-Marguerite Jaquotot, sa belle-mère.

Le 9 mars 1698, Claude Martin fit enregistrer ses armes qui sont différentes de celles de MM. Martin, vicomte-mayeur de Dijon, et seigneurs de Thoissey, Barjon, etc.

Il eut de Catherine de Saumaise six enfants, morts sans postérité :

1° Marie-Marguerite qui, héritière de sa tante Françoise, légua au conseiller Fleutelot sa moitié de la terre de Chasans.

2° Marc-Antoine, avocat au parlement de Bourgogne.

3° André, curé de Saint-Jean-de-Losne.

4° Bénigne, vicaire perpétuel de Notre-Dame de Losne près de Saint-Jean-de-Losne.

5° Judith, de la maison de la reine de Pologne.

6° Catherine.

L'*Armorial général de France*, généralité de Bourgogne, t. I, p. 51, donne à André la qualification de *docteur en théologie*, et, p. 166, désigne Bénigne de la manière suivante : *De Chazan, Bénigne-Martin*.

Le premier portait : *D'azur à un croissant d'argent, à un chef d'or, chargé de deux sautoirs de gueules, écartelé de Saumaise.*

Le second portait : *D'azur à un flanchin d'or, accompagné de trois glands d'argent, deux aux flancs et un en pointe ; celui-ci soutenu d'un croissant de même, et un chef d'or, chargé de deux sautoirs de gueules ;* les trois glands rappellent les Saumaise.

———

XIᵉ DEGRÉ (18)

Marie de Saumaise, qualifiée dame de Chasans et de Curley, épouse en 1662 Antoine du Bard, greffier en chef héréditaire de la châtellenie et prévôté royale de Vergy, bailli des terres et seigneuries de l'abbaye de Saint-Vivant, fils de François du Bard, petit-fils de Philippe du Bard, arrière petit-fils d'Yves du Bard, etc.

Les du Bard, établis dès 1500 à Vergy, et dont une branche paraît avoir conservé la noblesse jusqu'au XVIIᵉ siècle, portaient primitivement : *De gueules à deux bars adossés d'argent, surmontés d'une croix recroisettée de même.*

Seigneurs de Chasans, Curley, Reulle, Ternant, Semesanges, Lassons, Les Rocherons, La Cras, Prenevelle, Quemigny, Marcheseuil et autres lieux ; procureurs du roi, contrôleurs des actes des notaires ; avocats au Parlement ; conseillers auditeurs en la chambre des comptes de Bourgogne et Bresse ; conseillers honoraires en la même chambre ; conseillers maîtres en la cour et chambre des comptes, aides, domaines et finances du comté de Bourgogne ; officiers dans l'armée de Condé dont ils firent toutes les campagnes ; lieutenants colonels du génie ; commandants de la citadelle de Besançon ; chevaliers de Saint-Louis, etc. Ils ont entrée au chapitre noble de Fribourg.

Ils ont porté les noms de Chasans, Ternant et Curley.

Les du Bard descendent directement par les femmes :
Des Maistre.

Des Esmonin, famille noble au temps des sires de

7

Vergy, et qui produisit, au XVIII° siècle, les marquis de Dampierre. (*Tiercé en fasce, au premier de sable à trois merlettes d'or ; au deuxième d'or plein, au troisième d'azur à trois fers de lance.*)

Des Boudrot. (*D'azur à trois quintefeuilles d'or.*)

Des Saumaise-Chasans. (*Chasans et Vergy.*)

Des Vergnette de Lamotte, remontant, d'après Lebreton de la Doineterie, à Boson, seigneur de la cour de Raymond VI, comte de Toulouse, et à une fille de ce prince ; fondateur du comté de Hardampton en Normandie. (*D'azur à un aulne de sinople, accompagné en chef de deux étoiles d'or, et en pointe d'une couleuvre rampante de gueules.*)

Des Barrault, Viergs (maires) d'Autun, et élus de la province de Bourgogne. (*D'azur au chevron d'or, accompagné de deux étoiles d'argent en chef, et d'une foi de même en pointe.*)

Des barons d'Anthes, seigneurs de Soulce en Alsace, Blotzeim, Namsheim, d'Aprey en Lorraine, du marquisat de Villecomte, La Villeneuve, Saussy, Vernaux, barons de Longepierre, membres du conseil souverain de Colmar, présidents au parlement de Bourgogne. (*De gueules à trois épées d'argent, garnies d'or et liées de sinople, posées deux en sautoir, la pointe en bas, et celle du milieu en pal, la pointe en haut.*)

Des Guillermin, comtes de Courcenay. (*De gueules au lion d'or, armé et lampassé de gueules, tenant de la patte droite une épée d'argent, la poignée d'or, au chef d'azur cousu de sable, au croissant d'argent.*)

Devise :

La guerre est ma patrie,
Mon harnais ma maison,
Mais en toute saison,
Combattre, c'est ma vie.

Des Sousselier de la Tour, seigneurs de la Charmée, seigneurs de Vertambeau (franc alleu), de la Tour de Bissey et de Bissey, etc., etc., chevaliers, officiers au régiment noble à cheval d'Angoulême, à l'armée de Condé. (*D'azur au chevron d'or accompagné de trois souris au naturel, deux en chef et un en pointe.*)

En outre, ils se sont alliés aux :

Jacquinot (vicomtes-mayeurs de Dijon). — Le Belin, maires de Beaune en 15.. — Adelon de Chaudenay, seigneurs de Chaudenay-le-Château, lieutenants généraux à la table de marbre, officiers du génie. — Barbier de Reulle, de Saint-Germain, seigneurs d'Entredeuxmonts. — Klein, dont est sorti le général comte Klein, créé pair de France par Louis XVIII). — Comtes de Brachet, châtelains de Raymond, prince d'Antioche en 1140, croisés de nouveau en 1248. — Comtes de Pons-la-Bâtie. — De Regnier de la Motte. — Guillemot. — Barrié. — Triboudet de Mainbray. — Comtes de Valleton. — Girard de la Brély.

Les du Bard de Curley portent maintenant :

« Écartelé, au premier et au quatrième, *de gueules à deux bars adossés d'argent, surmontés d'une croix recroisettée de même* (qui est de du Bard) ; *au chef cousu d'azur, chargé de trois quintefeuilles d'or* (qui est de Vergy) ; au second et au troisième, *d'azur au chevron ployé d'or, accompagné de trois glands d'or, à la bordure de gueules* (qui est de Saumaise Chasans. » Le premier et le dernier quartier se voient encore sur la tombe de François du Bard, enseveli en 1640 dans l'église de Vergy. Cette église a été de temps immémorial le lieu de sépulture des du Bard. Ils y avaient un banc seigneurial, comme seigneurs de Curley.

Pierre de Saumaise de Chasans, seigneur, en tout ou en partie, de Chasans, de Curley, de la Tour, de Villars-Fontaine, de Mazerotte, de Messange, de Chevannes, de Saint-Prix et de Corgengoux, conseiller-laic au Parlement de Bourgogne, était le second fils de Jérôme de Saumaise et de Catherine de Latour.

Le 29 novembre 1612, il fut reçu au Parlement et épousa la même année, Marie Virey, fille de noble Claude-Énoch Virey, docteur en droit à Padoue, secrétaire du prince de Condé, cinq fois maire de Chalon-sur-Saône, et enfin notaire et secrétaire du roi, maison et couronne de France. La mère de Marie Virey était Jeanne Byot, dont la famille figure aussi sur le catalogue des maires de Chalon et y porte : *D'azur au chevron d'or, accompagné en chef de deux étoiles de même, et en pointe d'un croissant d'argent.*

Le 22 novembre 1640, Pierre reprit de fief pour la terre de Curley provenant de la succession de ses père et mère; pour Villars-Fontaine, Messange, Chevannes, Maiserotte, Pervey, partie de Corgengoux, Nanteuil, Saint-Prix, provenant de celle de son oncle maternel, Marc-Antoine de Latour, en vertu d'un testament fait à Beaune, en 1627.

Le même jour, il reprit de fief, comme procureur spécial de son frère Claude de Saumaise, prêtre de l'Oratoire, pour la seigneurie de Chambeuf et pour la moitié des bois d'Espoisses, dépendants de la châtellenio de Vergy et distraits du domaine de Sa Majesté.

Il fit preuve de beaucoup d'intelligence, de perspicacité et de sang-froid, dans un procès qu'il soutint contre le président Giroux. Ce dernier fut condamné à mourir de la main du bourreau, et à faire préalablement amende honorable à son ennemi, la torche au poing, ce qui fut exécuté le 8 mai 1613. Tous les détails de ce procès font la matière d'un chapitre très intéressant du *Parlement de Bourgogne* de M. de Lacuisine, président à la Cour impériale de Dijon; ils ont été aussi recueillis par l'abbé Papillon, dans sa *Bibliothèque des auteurs de Bourgogne* et par le P. de Cerisière, jésuite, dans un roman intitulé *L'Illustre Amalasonthe*, sous le pseudonyme de Desfontaines.

Papillon, parlant de l'*Instruction générale* laissée à ses enfants par Pierre de Saumaise, ajoute : « Cet ouvrage commence ainsi : *La prudence, le silence, le secret et la diligence sont nécessaires dans les procès ; mais il faut que ces qualités viennent de Dieu: Si Dominus ædificaverit domum, in vanum laborat inimicus qui destruit eam.* Ces paroles font allusion au procès dont nous venons de dire un mot, et dans lequel le président Giroux chercha à le faire périr par la fraude et l'artifice.* M. de Saumaise eut besoin, pour se défendre des traits d'un si redoutable ennemi, des quatre vertus dont il est fait mention au commencement de son ouvrage.

Il avait eu la douleur de voir deux de ses fils accusés de tentative d'assassinat sur la personne de Giroux et jetés en prison, dont ils n'étaient sortis que longtemps après, ce qui ne les empêcha pas de périr de la manière la plus tragique.

M. de Lacuisine nous apprend que, courbé par

l'âge et les chagrins, cet infortuné père mourut, en avril 1658, à Paris, où l'avait amené le procès de la veuve du président Baillet, et où l'on put voir gravée sur sa tombe (on ne nomme pas l'église) cette épitaphe touchante, composée par son fils Marc-Antoine :

Hic cinis, pulvis, nihil, et tamen Salmasius. Breve sapientiæ, fortitudinis et justitiæ monimentum, quod in patris nomine invenit et posuit M. A. filius non degener.

De sept enfants, dont Pierre de Saumaise parle dans une lettre du 2 mars 1630, à sa mère, six seulement sont connus : Marc-Antoine, Jérôme, Pierre-Damian, Bénigne, Jeanne et Marie.

On a conservé de Pierre de Saumaise quelques ouvrages, parmi lesquels on distingue un éloge du président Jeannin qu'il avait accompagné en Hollande, de 1607 à 1610. (Lacuisine, *Parlement de Bourgogne*, t. II, p. 231.) C'est en 1609 que le président Jeannin signa la trève de douze ans, qui assurait l'indépendance des Provinces-Unies.

Cet ouvrage que nous venons de citer est intitulé par Papillon : *Éloge de la Vie de très illustre seigneur messire Pierre Jeannin, baron de Montjeu, Chagny et Dracy, conseiller du roi en ses conseils, président de Bourgogne* (sic pour Président au Parlement de Bourgogne) *et surintendant des finances de France.*

Il ne faut pas oublier le manuscrit in-folio écrit de la main de Pierre de Saumaise et intitulé : *Instruction générale de toutes les affaires dans lesquelles il a plu à Dieu de m'exercer.* Ce manuscrit appartenait à l'abbé Papillon, qui, malheureusement, n'en donne qu'un fragment, concernant la noblesse des Saumaise (t. II, p. 243).

Virey. — *Deux traits d'or en sautoir, la pointe en haut, en champ de gueules; écartelé d'or, semé de fleurs de lys, d'œillets et de roses rouges ou de gueules.*

Cette famille remonte probablement à Jean Virey, de Sens, qui signa comme notaire, un acte passé en 1564, au château de Montconis. En décembre 1626, Claude-Énoch Virey, secrétaire du prince de Condé, reçut permission, en récompense des services qu'il avait rendus au roi Louis XIII, notamment lors de l'entrée de ce monarque dans la ville de Chalon, dont il était le maire, de continuer à porter des fleurs de lys dans ses armoiries. Claude-Énoch avait épousé vers 1600, Jeanne Byot, de Chalon, dont il eut: 1º Jean-Christophe, secrétaire du roi, maître aux Comptes, à Dijon, en 1626, et père de Denis Énoch, aussi maître à la même cour; 2º Marie, femme de Pierre de Saumaise qui a donné lieu à cet article; 3º et probablement Jeanne, qui épousa Bernard de Xaintonge.

Pierre Virey, né dans le village de ce nom, à une lieue de Chalon-sur-Saône, entra fort jeune dans l'ordre de Citeaux, fit profession à Maizières, prit à Paris le degré de docteur en théologie, fut élu abbé de Charlieu, en 1458, et enfin, abbé de Clairvaux, en 1471. Il mourut en 1497. Le P. Louis-Jacob de Saint-Charles, carme, le croit auteur d'un ouvrage intitulé: *Vita S. Guilelmi, abbatis Caroli-Loci, postea archie-piscopi primatis et patriarchæ Bituricensis.* (*Bibl. des auteurs de Boury.*, t. II, p. 357.) Pierre Virey était probablement de la famille des précédents.

Xaintonge. — *D'azur au chevron d'or, accompagné de deux étoiles de même en chef, et en pointe d'un croissant d'argent.*

Cette famille entrée aux États de Bourgogne en 1549 et remontant à Pierre de Xaintonge, d'abord gentilhomme de la chambre du roi, ensuite conseiller au Parlement de Dijon, a donné deux autres conseillers en 1512 et 1579, et un avocat général à la même cour en 1615, connu par ses harangues devant le Parlement. On remarque encore dans cette famille un poursuivant d'armes de l'écurie du roi en 1576, un procureur du roi aux Eaux et Forêts du bailliage de Dijon en 1580, et un avocat à la Cour, reconnu noble en troisième lignée en 1602. L'avocat général Pierre de Xaintonge était seigneur de Réglois et de Marnay.

XIᵉ DEGRÉ (18)

Marc-Antoine de Saumaise de Chasans, seigneur de Villars-Fontaine, Maiserotte et Nanteuil, connu sous le nom de chevalier de Latour, était entré dans l'ordre de Malte, probablement le 16 juin 1612, en même temps que son frère, le chevalier de Nanteuil.

Il parut aux États de Bourgogne en 1658 et en 1668. En 1663 il tint sur les fonts baptismaux le fils de Marie de Saumaise de Chasans, une de ses cousines germaines, Marc-Antoine du Bard. La même année, le chevalier de Latour, fut maintenu par arrêt de la Cour des Aides de Paris dans la succession de son grand-oncle, Marc-Antoine de Latour, et le 2 août 1664, il reprit de fief les seigneuries de Villars-Fontaine et Maiserotte au bailliage de Nuits, et celle de Nanteuil au bailliage d'Arnay-le-Duc, en qualité d'*héritier substitué* du même Marc-Antoine de Latour, qui avait institué son héritier Pierre de Saumaise de Chasans, père du chevalier de Latour.

M. de Lacuisine dit que les deux chevaliers que Giroux avait fait jeter en prison, furent relâchés, mais pour mourir assassinés plus tard par ceux auxquels Giroux avait légué sa haine et qui avaient été nourris de ses leçons. Seulement, au lieu d'expirer comme son frère, dans les bras de leur père, ce fut Marc-Antoine, qui ferma les yeux de ce dernier : l'épitaphe citée dans l'article précédent permet de le croire.

XIe DEGRÉ (18)

Jérôme de Saumaise-Chasans. Reçu à Malte en 1642.
(Voir les archives de Malte à la Bibliothèque de
l'Arsenal.)

XIe DEGRÉ (18)

Pierre-Damian de Saumaise de Chasans, frère du
chevalier de Latour et connu sous le nom de chevalier
de Nanteuil, entra aussi dans l'ordre de Malte en 1644.
Il n'eut pas un meilleur sort que Marc-Antoine, et il
périt dans les bras de son père par suite de la haine du
feu président Giroux.

XIe DEGRÉ (18)

Bénigne de Saumaise de Chasans, seigneur de
Villars-Fontaine, Chevannes, Nanteuil, Saint-Prix,
Pervey, Corgengoux, était le troisième fils de Pierre
de Saumaise de Chasans et de Marie Virey.

Il épousa Louise-Philiberte de la Fage-Clermont,
de la famille de Jacques de la Fage, seigneur de
Clermont, et de Louis de la Fage, aussi seigneur de
Clermont. Jacques était élu de la noblesse du Mâcon-
nais aux États de Bourgogne en 1662. Louis y entra la
même année et y rentra en 1665.

En vertu d'un testament du 9 août 1678, Louise
de la Fage, hérita de son mari dont elle n'avait pas
d'enfants, et légua sa fortune à Charlotte Renault ou
Regnault de Saint-Quentin.

On se demande comment Bénigne a pu échapper à la fatalité qui pesait sur sa famille.

Celle de la Fage qui prouve sa filiation depuis Claude de la Fage, écuyer, seigneur du Clos en 1497, est entrée plusieurs fois aux États depuis 1662, entre autres comme commissaire et alcade de la noblesse, et portait : *D'azur au lion d'argent armé et lampassé de gueules.* Elle a fourni un gouverneur de Cluny en 1680; des chevaliers; des barons de Saint-Huruge-sur-Guye, de Péronne et de Cray-Saint-Paul en partie; des seigneurs de Vaux-sous-Targe, Saint-Martin, Bierzy, Malfontaine et Vallecot ; un officier de la maison du roi.

Charlotte-Catherine Regnault de Saint-Quentin portait : *De sable au lion d'or, armé et lampassé de gueules et un chef d'azur chargé de trois demi-vols d'or.*

Pierre Regnault, conseiller du roi, contrôleur des fortifications en Bourgogne et Bresse (Arrêt d'enregistrement du 27 décembre 1703), portait : *D'azur à un lion ailé d'or, armé et lampassé de gueules.*

Louise tint sur les fonts baptismaux Pierre-Louis du Bard, second fils d'Antoine du Bard et de Marie de Saumaise.

Bénigne tint sur les mêmes fonts Bénigne-Bernard du Bard, cousin germain de Pierre-Louis.

Jeanne de Saumaise de Chasans, sœur de Marc-Antoine, de Pierre et de Bénigne, avait comme eux pour père le conseiller Pierre de Saumaise de Chasans, et pour mère Marie Virey.

Elle épousa Jean-Baptiste Millière, écuyer, seigneur de Curley et d'Aiserey, capitaine de cavalerie, et donna le jour à Étienne Millière, conseiller au Parlement de Bourgogne, que l'Armorial de la Chambre des Comptes de Dijon a oublié, et à Marie Millière. Cette dernière s'allia en 1673 à François de Ricard, conseiller-maitre à la même Cour, et en eut Jean-Baptiste-Jules de Ricard, conseiller au Parlement de Bourgogne, ensuite président à la Cour des Aides de Paris, dont les descendants devinrent *marquis de Ricard* en 1718.

La famille Millière dont les armes sont : *D'azur à trois épis de millet d'or*, et dont l'entrée aux États de Bourgogne date de 1674, a produit plusieurs barons de Villeneuve et de Saint-Germain ; un commissaire des fortifications en Bourgogne ; trois maitres aux Comptes et quatre conseillers au Parlement de cette province ; un conseiller d'État ; un lieutenant-colonel et deux capitaines de cavalerie ; un prieur commandataire d'Espoisses et un vicomte-mayeur de Dijon.

Quant à la famille de Ricard, originaire de Provence et entrée aux États de Bourgogne en 1745, elle compte des marquis de Ricard et de Montmain ; des barons de Gurgis ; un conseiller au Parlement, et un maitre des

Comptes à Dijon; un président à la Cour des Aides de Paris; un lieutenant-général à l'amirauté de Toulon; un conseiller au Parlement d'Aix; un premier président de la Chambre des requêtes du même Parlement; douze chevaliers de Malte, entre autres quatre commandeurs, deux baillis grand'croix, un grand commandeur et deux grands prieurs de Saint-Gilles. En 1651, elle obtint le droit de porter une fleur de lys dans ses armes, qui sont : *D'or au griffon de gueules, au chef d'azur chargé d'une fleur de lys d'or.*

Moréri (supplément, p. 199 et 200, t. II) consacre un article très élogieux à Dominique de Ricard, reçu à vingt ans dans l'ordre de Saint-Jean-de-Jérusalem, où il ne fit cependant pas profession. Ayant été enseigne d'une galère de France, puis lieutenant d'une galère de Malte commandée par son frère Sextius, bailli grand'croix, commandeur et baron de la Ville-Dieu en Provence, il se distingua et fut blessé à l'abordage et prise d'un vaisseau turc de soixante-dix pièces de canon, dont le principal étendard fut envoyé à Aix, lieu de naissance de M. M. de Ricard, par ordre du grand-maître, pour être placé dans l'église de la commanderie de Saint-Jean, en mémoire de cette action. A un âge où tout lui souriait, il eut le bonheur de comprendre la vanité des biens terrestres, et alla chercher la solitude dans l'enclos des Dominicains de Paris, où il mourut en odeur de sainteté le 12 décembre 1734 à l'âge d'environ cinquante-quatre ans. Il était le septième fils de Jules de Ricard, conseiller de grand'chambre au Parlement d'Aix, et de Louise de Piolenc, dont la famille a produit deux croisés, bon nombre d'officiers de terre et de magistrats très distingués dans les Parlements d'Aix et de Grenoble, deux grandsprieurs de Malte, et plusieurs commandeurs et chevaliers du même ordre, des marquis de Piolenc et de Thoury, des comtes de Montbel. (*Voy. Annuaire de la Noblesse 1864*, p. 149 et 150.)

Armes de Piolenc : *De gueules à six épis d'or posés en pal, 3, 2, 1 ; et à la bordure engreslée d'or. Couronne de marquis.* Cimier : *Un phénix d'or sur son bûcher enflammé de gueules.* Devise : *Campi tui replebuntur ubertate.*

XIe DEGRÉ (18)

Marie de Saumaise de Chasans, la dernière des filles de Pierre de Saumaise de Chasans et de Marie Virey, épousa son oncle Christophe Virey, maître des comptes à Dijon, fils de Claude-Enoch Virey et de Jeanne Byot, comme nous l'avons dit à l'article du conseiller Pierre de Saumaise, p. 110.

Christophe, ayant perdu sa femme, reçut la prêtrise et mourut chanoine de l'Église cathédrale de Chalon-sur-Saône.

———

Xᵉ DEGRÉ (17)

Claude de Saumaise de Chasans, le quatrième fils de Jérôme de Saumaise, seigneur de Chasans, et le troisième de Catherine de Latour, était coseigneur de Chambeuf et des bois d'Espoisses, et est mort assistant du général de l'Oratoire.

Il naquit à Dijon, en 1603 et fit toutes ses études chez les Jésuites, d'abord à Dijon, ensuite à Paris dans le collège de Clermont, qui prit plus tard le nom de Louis-le-Grand.

En 1615, il était novice dans l'abbaye bénédictine de Saint-Denis en l'Isle-de-France, suivant un contrat du 16 juillet, passé par-devant M. Pierre de Soubs-le-Montier, tabellion au même lieu, entre son oncle maternel, Marc Antoine de Latour, seigneur de Villars-Fontaine, et son frère Bénigne de Saumaise de Chasans, d'une part; et les religieux de l'abbaye, d'autre part. Par ce contrat, l'oncle et le neveu, qui habitaient Paris se portent cautions d'une pension de deux cents livres. L'inventaire, dressé du 20 au 30 décembre 1621, après le décès de ce même Bénigne, relate ce contrat ainsi qu'une promesse écrite par Catherine de Latour, leur mère et belle-mère, par laquelle elle s'engage à payer à Bénigne ses déboursés pour son frère, avec les intérêts.

Cet inventaire fait aussi mention d'un brevet de conseiller, secrétaire du cabinet de Monseigneur, frère du roi, daté du 30 janvier 1620 et signé *Louis*, et plus bas

Loménye, ainsi que d'une lettre du 20 janvier signée *Gaston*, par laquelle ce prince fait don à Claude de Chasans (*sic*) de la charge de *secrétaire de son cabinet*.

Claude avait trente-deux ans quand il entra dans la congrégation de l'Oratoire, le 25 septembre 1635. Il dut faire son noviciat et sa profession à Beaune, puisque parmi les parents de Daniel de Saumaise demandant à intervenir dans son procès de noblesse et énumérés par l'arrêt de 1643, nous voyons figurer *messire Claude de Saumaise de Chasans, seigneur de Chambeuf et prêtre de l'Oratoire de la maison de Beaune*. Il avait reçu la prêtrise en avril 1637.

Un contrat d'échange à Chambeuf du 10 juillet 1644 le qualifiait *prêtre de l'Oratoire de Notre-Dame du saint lieu de Dijon*. Il y était encore en 1646, et y faisait, le 15 février, la vente de sa portion de la terre de Chambeuf et des bois d'Espoisses à son frère, François de Saumaise, seigneur de Chasans et procureur général à la Chambre des comptes de Bourgogne et Bresse; le tabellion royal M. Henri Biet l'appelle *Monsieur révérend père Claude de Saumaise, prêtre de l'Oratoire de Dijon*.

En 1648, il fut choisi pour supérieur de la maison de Tours, et plus tard envoyé en la même qualité d'abord à Rouen et ensuite à Dijon.

L'assemblée de sa congrégation, tenue en 1669, l'élut assistant du R. P. Senault, alors général, et il fut continué sous le P. de Sainte-Marthe. Celle de 1672 l'ayant chargé d'écrire l'histoire de sa congrégation, il recueillit plusieurs matériaux pour cet ouvrage, qu'il laissa imparfait et qui n'a pas été imprimé.

Le 12 juillet 1679, il fit une donation de la moitié de douze mille livres à l'une de ses nièces, Françoise de

Saumaise de Chasans, fille du procureur général. Dans cet acte reçu M. Bechet, conseiller du roi, notaire et garde-notes de S. M. en son châtelet de Paris, il est *messire Claude de Saumaise, prêtre de la congrégation de l'Oratoire de Jésus-Christ Notre Seigneur demeurant en la maison dudit Oratoire, rue Saint-Honoré, paroisse de Saint-Germain-l'Auxerrois.* Il le fit insinuer le 19 février 1680 au bailliage et à la chancellerie de Nuits, en présence de Gilles Janniard, conseiller du roi, lieutenant criminel, commissaire examinateur et enquêteur héréditaire.

Le 25 mars suivant, il rendit son âme à Dieu, dans la maison des Pères Oratoriens de la rue Saint-Honoré, où, l'année précédente, il avait fait cette donation. Il avait soixante-dix-sept ans et mourait avec la réputation d'un saint et savant religieux.

Gilles Janniard, qui, étant premier échevin, offrit le 17 novembre 1658 le vin d'honneur à Louis XIV, à son passage par Nuits, et lui dit : « Sire, Chambertin de dix ans. » Après avoir vidé sa coupe, le grand roi s'écria : « Ce Chambertin est vraiment le roi des vins, » « Et le vin des rois, » ajouta gracieusement l'échevin. En effet, la ville en fit expédier une queue à Versailles (Théodore Duchaussey). L'armorial général de France (20 octobre 1703) donne pour armes à David Janniard, curé de Gerland, bailliage de Nuits : *D'azur à un pal d'argent, chargé d'une colombe de pourpre.*

———

BRANCHE DE FRANÇOIS DE SAUMAISE

IXᵉ DEGRÉ (16)

François de Saumaise, conseiller du roi, maître aux comptes de Bourgogne et Bresse, secrétaire des commandements de Mᵍʳ Louis de Bourbon, prince de Condé. Il était le troisième fils de François de Saumaise, seigneur de Chasans et de Chambeuf, et d'Étiennette Jacqueron. Suivant plusieurs auteurs, il était le troisième maître aux comptes de sa famille, mais seulement le second suivant M. d'Arbaumont.

Il succéda en 1558 à son père, dont Henri II lui avait accordé la survivance, et épousa Bénigne Brocard, fille d'Antoine Brocard, son collègue à la Chambre des comptes, et de Madeleine (*alias* Marguerite) de Berbisey, qui lui donna deux fils: Pierre qui suit et Isaïe ou Ésaye. Ce dernier, chanoine de la Sainte-Chapelle à Dijon, n'est connu que par son testament de 1631 en faveur de son frère et comme exécuteur testamentaire de sa tante Anne-Marguerite Jaquelat, veuve du procureur général ; c'était probablement le curé de Meuilley en 1641.

Antoine Brocard remontait à Jacques Brocard, qui vivait au XIIᵉ siècle et dont la descendance a fourni trois châtelains de la forteresse de Montbard, et un maire de la ville, deux lieutenants généraux au bailliage d'Auxois, deux conseillers au parlement de Bourgogne.

trois auditeurs et un correcteur aux comptes, un avocat général et un président à la même Cour, un capitaine de compagnie à Flavigny pendant la Ligue et un capitaine du château de Mont-Saint-Jean.

Armes de Brocard : *D'azur à trois chevreuils d'or.*

Berbisey. Voyez l'article François de Saumaise, seigneur de Bouze, p. 63.

Xe DEGRÉ (17)

Isaïe de Saumaise.

Xe DEGRÉ (17)

Pierre de Saumaise, seigneur de Chambeuf, conseiller secrétaire du roi, receveur général des finances de Bourgogne et Bresse, était fils de François de Saumaise et de Bénigne Brocard, dont il a été question dans l'article précédent.

Il épousa en premières noces Anne Briet, fille de Daniel Briet, greffier au parlement de Dijon, auquel il paraît avoir succédé dans cette charge, qu'il exerça également. D'après l'historien du *Parlement de Bourgogne*, cette charge jusqu'en 1699 était si importante, que le greffier jouissant des mêmes honneurs que les membres de la Cour portait la robe écarlate et de plus le manteau fourré d'hermines. M. de Lacuisine voulait sans doute parler du greffier en chef.

De son mariage avec Anne Briet, Pierre de Saumaise eut entre autres enfants : 1° Françoise de Saumaise, qui, en 1636, s'allia à Guillaume Millière, seigneur d'Aiserey, maître des comptes; 2° probablement Marie-Françoise, religieuse de la Visitation et première supérieure de la bienheureuse Marguerite-Marie Alacoque. Tout porte à croire que cette dernière était l'aînée des deux sœurs, aussi nous donnerons son article avant celui de Mme Millière.

En 1638, Pierre se remaria avec Élisabeth Sayve, fille d'Étienne Sayve, seigneur de Vesvrotte, d'Échigey, de Couchey et de Chamblanc, conseiller-laïc au parlement de Bourgogne, et de Chrestienne de Recourt appartenant, elle aussi, à une famille parlementaire. Il laissa de sa seconde femme un fils nommé Jean, qui mourut très jeune et fut enterré près de son père devant l'autel de la Sainte-Croix dans l'église paroissiale de Saint-Pierre où les Saumaise avaient leur sépulture. *Jean dont l'âme était trop grande et vaste pour être enfermée dans un corps mortel et qui n'était composée que de vertus et sciences a mérité d'aller au ciel la vingt-unième année de son âge, le 28 décembre 1658,* c'est ainsi que s'exprime son épitaphe. L'armorial de la Chambre des comptes de Dijon l'appelle Jean-Baptiste.

La famille Briet portait : *D'argent au chevron de sable, accompagné de trois roses de gueules, au chef de même chargé d'une rose d'argent.* Alias *d'argent au chef de sable chargé de trois roses de gueules et une rose d'argent en pointe.* Elle a donné deux conseillers au parlement en 1537 et 1572 et un avocat général à la Chambre des comptes de Dijon, dont le fils, seigneur de Langeault, fut inhumé auprès de son père dans l'église des Cordeliers de cette ville. Pierre Briet était contrôleur des mortes-payes en 1608. Alexandre Briet, seigneur d'Épinay, était père d'Étienne Briet pour lequel fut fourni, le 8 mars 1679, l'aveu et le dénombrement de la maison d'Épinay, terres, bois et circonstances et dépendances (Courtépée et Archives départementales de la Côte-d'Or).

Le R. P. Philippe Briet, né en 1600, à Abbeville et mort en 1668, était un savant géographe suivant Moréri qui ne parle pas de sa famille. En 1407, Jean Briet était pannetier de Mme de Guyenne (Marguerite, fille de Jean Sans-Peur, duc de Bourgogne, et de Marguerite de Bavière). Mme de Guyenne ayant épousé en premières noces, le 31 août 1404, Louis de France, duc de Guyenne et ensuite Dauphin, fils du roi Charles VI et d'Isabelle de Bavière, se remaria le 10 octobre 1423 avec Artus de Bretagne, comte de Richemont, connétable de France, et mourut le 2 février 1441.

Nous avons parlé des Millière à l'article Jeanne de Saumaise de Chasans, qui avait épousé Jean-Baptiste Millière (p. 108). Nous avons parlé des Sayve à l'article Étienne de Saumaise, lieutenant particulier à Semur-en-Auxois, (p. 39).

Chrestienne de Recourt portait : *De gueules au chevron d'argent, accompagné de trois étoiles d'or, soutenu du même, écartelé parti d'or et d'argent à trois têtes de chérubin.* Supports: *deux anges nus de gueules, les têtes de front, celui de droite supportant sur le sommet de la tête une étoile d'argent et l'autre une croix du même.* Elle était fille de Didier de Recourt, greffier en chef du parlement de Bourgogne en 1507, et de Charlotte Bouisseau, dont nous avons parlé à la suite des Sayve (p. 40), et elle avait un frère, Nicolas de Recourt, conseiller au même parlement, et mari de Marguerite de la Haye, damoiselle.

XIᵉ DEGRÉ (18)

Marie-Françoise de Saumaise, que nous croyons non sans raison l'aînée des enfants de Pierre de Saumaise, seigneur de Chambœuf, et d'Anne Briet, et que ses relations avec la bienheureuse Marguerite-Marie ont illustrée, avait à peine dix ans lorsque ses parents confièrent son éducation à la Révérende Mère Françoise-Jéronyme de Villette, supérieure de la Visitation de Dijon.

Marie-Françoise prit le petit habit et se montra dès lors *sage et judicieuse, quoique pleine de feu et de vivacité,* aussi son père devenu veuf lui fit de grandes instances pour l'obliger à venir gouverner sa maison et le dispenser par là même de se remarier au préjudice de sa famille. Elle n'avait que treize ou quatorze ans et ne laissa cependant pas ébranler sa résolution de se consacrer à Dieu. Peu de temps après, elle fut admise au noviciat où sa ferveur lui mérita de recevoir l'habit de novice à l'âge de quinze ans, et elle fit profession l'année suivante.

En 1636, sainte Chantal que des liens de parenté unissaient aux Saumaise, *par les Berbisey et les Godran,* visitait pour la dernière fois le monastère de Dijon. Elle distingua Marie-Françoise entre toutes les jeunes religieuses et prédit qu'elle serait *une des meilleures supérieures de l'Ordre,* à cause *de sa maturité et de la solidité de son esprit.* Cette prédiction s'accomplit

surtout à Paray-le-Monial, où elle devait s'assurer de
l'esprit auquel obéissait sa fervente novice Marguerite-
Marie, avant de l'aider elle-même à propager le culte
du Sacré-Cœur; ce qu'elle fit plus tard avec tant
d'ardeur que son nom restera associé à celui de la
Bienheureuse, et qu'elle rencontrera ainsi la gloire
qu'elle avait fuie pendant toute sa vie. Le nom de la
Mère de Saumaise est devenu populaire, tandis que
celui du *Docte* est à peine connu des savants. *Et
exaltavit humiles !* Née à Dijon en 1620, elle y mourut
en odeur de sainteté le 31 juillet 1694, dans le monastère
où elle avait été élevée et où elle avait fait profession.
L'*Année Sainte de la Visitation* se contente de dire :
« Elle naquit d'une famille honorable sous tous
rapports, » et les *Mémoires de l'ancien monastère de
Dijon* disent : « Elle était de cette ville, d'une famille
considérable et distinguée par les personnes d'esprit et
de piété dont elle était composée. »

Les recherches les plus minutieuses dans les différentes archives de Dijon, et dans celles de Langres et
Chaumont, n'ayant point amené la découverte de l'état
civil pour les années 1620 et 1694, les noms du père et
de la mère de la servante de Dieu sont inconnus, et l'on
est réduit aux conjectures à leur sujet.

Nous venons de voir que Marie-Françoise avait *treize*
ou *quatorze* ans, lorsqu'elle perdit sa mère, ce qui nous
reporte à 1633 ou 1634. En comparant les dates et les
faits généalogiques précédents, on ne sait à qui attribuer
l'honneur de la paternité et de la maternité de notre
sainte visitandine, en dehors de Pierre de Saumaise et
d'Anne Briet. A l'appui de cette conjecture, la Visitation de Dijon a conservé la tradition d'un oncle prêtre,
venant visiter sa nièce; alors cet oncle serait Isaïe de

Saumaise, chanoine de la Sainte-Chapelle et frère de Pierre.

Dans une de ses lettres, la Mère de Saumaise parle d'un n   . du nom *de la Michaudière*, dont la famille remontant à Guillaume de la Michaudière, notaire public à Louhans en 1427, a donné des maires, des bienfaiteurs de l'hôpital et des députés de cette ville aux États d'Auxonne, des trésoriers de France en Bourgogne et Bresse, des conseillers au Parlement de Dijon, un président au Grand-Conseil, des comtes de Hauteville, un intendant d'Auvergne, un prévôt des marchands de Paris, une abbesse des Bénédictins du Tart à Dijon. Ce neveu de Marie-Françoise était sans doute Bertrand de la Michaudière, conseiller au Parlement de Bourgogne en 1680.

La Michaudière ou la Michodière : *D'azur à la fasce d'or, chargée d'une lerrette (ou levrier) courante de sable colletée de gueules.* (Voir l'ouvrage intitulé : *Marie-Françoise de Saumaise. — Étude nouvelle sur les révélations de Paray-le-Monial.*) A propos de cet ouvrage nous nous permettons un erratum.

Une erreur de copiste a produit une confusion entre deux seigneurs de Vergy du nom de Guérin ou Warin.

Le premier, frère de saint Léger et martyrisé en 673, était comte de Poitiers et du Palais. Le second, mort en 856, était duc d'Aquitaine, marquis de Bourgogne et comte d'Auvergne, de Mâcon et de Chalon-sur-Saône.

XIe DEGRÉ (18)

Françoise de Saumaise épousa Guillaume Millière, seigneur d'Aiserey.

XIe DEGRÉ (18)

Jean-Baptiste de Saumaise.

XIe DEGRÉ (18)

N. de Saumaise, curé de Mouilly en 1641.
(Ascendants inconnus, ainsi que pour les suivants.)

XIᵉ DEGRÉ (18)

Jacques de Saumaise, écuyer, seigneur de Morsin, Villeneuve-la-Cormée, Corbellin, Savigny-le-Bois et Fains, avait épousé Claude Petit, d'une famille qui était entrée aux États en 1671. Ils vendirent ensemble à Edme Le Comte de La Ferté, écuyer, par contrat du 11. juillet 1650, reçu Foing, notaire du duché du Nivernais, la seigneurie de Savigny-le-Bois et Fains, moyennant le prix de 22,000 livres et 200 livres d'épingles, chaines et vin. Jacques l'avait acquise de Melchior de Salgy, écuyer, seigneur de Visargent, pour la somme de 19,500 livres, par contrat du 4 juillet 1643, reçu Préjean, notaire à Avallon; il en avait repris de fief le 11 août 1642, et en avait fait le dénombrement le 6 février 1645. (Arch. départ. de la Côte-d'Or.)

La famille Petit divisée en trois branches, celles de Viévigne, de Beyre et de Bressey, est issue d'Antoine Petit, alias *Taupin*, qualifié *écuyer* et homme d'armes, qui figurait dans un arrière-ban de 1353, et était accompagné de cinq lances et de quinze hommes de trait. Elle a donné un châtelain de Montbard en 1409; un anobli avec sa femme, en 1459, pour services rendus par lui et par ses ancêtres aux ducs et aux États de Bourgogne; un vicomte-mayeur de Dijon en 1577 et 1579; un commissaire d'artillerie en 1581; plusieurs officiers de divers grades et chevaliers de Saint-Louis; des membres du Conseil supérieur de la Martinique, plu-

sieurs receveurs généraux des finances en Bourgogne ;
deux maîtres des comptes à Dijon et un écuyer de la
reine Marie-Antoinette.

Armes : *D'azur au lion d'or*. (Armorial de la
Chambre des comptes de Dijon.)

———

XIIᵉ DEGRÉ (19)

Claude de Saumaise, écuyer, seigneur du Grand-Balole, paroisse de Frangey, était capitaine au régiment de Beaujolais, lorsqu'il quitta le service. Il avait épousé, en 1708, Marie-Charlotte de Scorailles, veuve de Charles-François de Dormy, chevalier, seigneur de Vincelle et Beauchamp.

Elle était fille de François-Philippe, marquis de Scorailles, seigneur de la Barre, de Livry, de Saubertier et de la baronnie de Bouhans, érigée en 1710, par Louis XIV, en marquisat sous le nom de Scorailles, chevalier de Saint-Louis, maréchal des camps et armées du roi en 1712, après avoir été successivement capitaine et colonel de dragons en 1678 et 1696, mestre de camp du régiment d'Anjou en 1708, brigadier de cavalerie en 1704, mort en 1724. Marie-Charlotte avait pour mère Françoise-Aimée de Portier, femme de ce dernier (voyez Moréri), Claude et Marie-Charlotte ayant acquis de François de Saint-Belin, chevalier, marquis de Vaudremont, mestre de cavalerie, et de dame Marie-Bernardine du Montel, son épouse, la seigneurie du Grand-Balole, pour le prix de 20,600 livres, par contrat reçu Cazotte, notaire à Dijon, le 10 décembre 1718, en firent la reprise de fief et le dénombrement le 14 du même mois et de la même année. (Archives départementales de la Côte-d'Or.)

Le 5 mars 1724, ils signèrent un contrat d'affranchissement au profit de Jeanne Bonin, veuve de Claude

Guiénot le jeune, et de Christophe Guiénot, leur fils, laboureur, demeurant au Grand-Balole. (Mêmes archives.)

Le 31 août 1728, par donation pour cause de mort, reçue Drambon, notaire à Chalon-sur-Saône, contrôlée et insinuée au même lieu, le 16 mars 1729, Marie-Charlotte de Scorailles lègue à son mari, Claude de Saumaise, la jouissance de ses biens, et leur propriété à son frère, Étienne-Marie, marquis de Scorailles, maréchal des camps et armées du roi, sous-lieutenant de la compagnie des chevau-légers de la garde de Sa Majesté. (Mêmes archives.)

Ce dernier devint lieutenant général en 1748, et élu de la Noblesse aux États de Bourgogne en 1751.

La maison des *Compteurs* de Scorailles porte : *D'azur à trois bandes d'or.* Elle tire son nom d'un vieux château de la Haute-Auvergne, dont la fondation est attribuée à Scaurus-Emilius, et qui, ayant soutenu plusieurs sièges sous les rois visigoths, a été pris en 767 par Pépin, père de Charlemagne. Elle remonte à Bégon Ier, seigneur de Scorailles, qui testa en 1030; elle prit part à la première croisade et à celle de Simon de Montfort; elle s'allia aux comtes de Rodez et de Périgord; elle fournit un grand nombre d'évêques, d'abbés, de doyens, d'abbesses, de chevaliers des ordres du roi et de Malte, de lieutenants-généraux, de sénéchaux de provinces, de gouverneurs de villes, un capitaine de vaisseau, des pages de Louis XIV, de son frère et de Louis XVI, et des officiers si nombreux qu'on en comptait *cinquante-deux* sous le seul règne du premier de ces deux monarques. N'oublions pas Louis de Scorailles, chambellan de Charles VII, capitaine de la grosse tour de Bourges, et sénéchal de Berry

et de Limousin, qui s'étant battu vaillamment contre les
Anglais et ayant ravitaillé la ville de Montargis, était
aux côtés de Jeanne d'Arc au siège d'Orléans, et fut
récompensé de sa valeur et de ses loyaux services par
un hanap d'or conservé dans sa famille jusqu'en 1793.

Il serait trop long de détailler ici toutes les illustrations de la maison de Scorailles, de même que ses alliances, qui sont toutes plus brillantes les unes que les
autres. Il suffira de nommer Alayette de Scorailles,
mariée en 1200 à Henri Iᵉʳ, comte de Rodez et vicomte
de Carlat, par conséquent la douzième aïeule de
Henri IV, et la dix-huitième des souverains de France,
d'Espagne, de Naples et de Parme; ainsi que Raoul de
Scorailles, épousant vers 1690, Dauphine de Comborn,
fille d'Archambaud V, vicomte de Comborn, et de
Jourdaine de Périgord, mariage qui l'alliait aux rois
d'Angleterre, aux comtes de Champagne, aux ducs et
comtes de Bretagne, aux vicomtes de Turenne et de
Limoges, etc. (J. d'Arbaumont, Moréri et Borel
d'Hauterive.)

III

APPENDICES

———

I

*Carta Oddonis ducis de medietate monete Divio-
nensis et quibusdam pravis consuetudinibus rela ratis.*

*In nomine patris et filii et spiritus sancti. Sicut ad
inchoationem justicie spectat...*

*Ego, Odo dux Burgundie, hanc cartam signo et con-
firmo, et filiis et fidelibus meis, signandam trado.*

S. *Hugonis filii mei.*

S. *Henrici filii mei.*

S. *Vualonis canonici.*

S. *Raynerii de Castellione.*

S. *Hugonis Dapiferi.*

S. *Raynardi de Glana.*

S. *Josberti Ruffi.*

S. *Vualterii Conestabuli.*

S. *Vualonis de Sarmatia.*

S. *Raynaldi de Granceio.*

. . . .

*Actum Divioni, anno Dominice incarnationis
M. C...*

II

Bertrand de Chasans, seigneur de Missery et de
Nanton, avait épousé Charlotte de Charny, fille de

Geoffroy de Charny, chevalier, seigneur de Savoisy et de Lirey, chambellan du roi Philippe de Valois, gouverneur de Picardie, qui fut tué en 1357, à la bataille de Poitiers, où il portait l'oriflamme de la France, et fut enterré aux frais du roi, dans l'église des Célestins de Paris. Bertrand se remaria, suivant Courtépée, en 1366, avec Jeanne d'Écutigny, sans doute fille de Jean d'Écutigny, notaire public, qui reçut le serment de Philippe le Hardi en 1364.

C'est par sa première femme que Bertrand possédait la seigneurie de Missery, dont il jouissait en 1340.

Ce Bertrand devait être le même que Bertrand de Chasans, chevalier, qui, en 1381, *ordonnait sa sépulture en l'église et cimetière de Saint-Vivant-sous-Vergy, auprès de ses prédécesseurs, et léguait soixante livres pour fournir le luminaire de ses obsèques, et cent livres pour la célébration des messes qui devaient se dire.* L'année de sa mort est inconnue; on sait seulement que dans un dénombrement du 22 avril 1392, on voit figurer ses *hoirs* parmi lesquels se distingue Philiberte de Chasans.

Courtépée donne deux maris à Philiberte : Oudot de Nesle et Guillaume Damas; Dom Crevoisier lui en donne un troisième dans la personne de Huguenin d'Épiray, que Moréri appelle Hugolin de Rabutin, seigneur d'Épiry, de Balore, de la Grange, de Varennes, etc., et qu'il marie, comme Dom Crevoisier avec Philiberte en 1391. Ces différents mariages apparentaient la maison de Saumaise avec celles de Rabutin, de Damas et de Nesle ou Néelle.

Rabutin : *Cinq points d'or équipollés à quatre de gueules,* qui est de Rabutin; *écartelé d'azur, à une croix dentelée d'or,* qui est de Balore. Devise :

Virescit vulnere virtus. — Cette maison tire son nom du Bois-Rabutin dans le Charollais, et remonte à Mayol, qui figure comme caution de Guillaume, comte de Mâcon, dans un traité de ce seigneur avec Pierre le Vénérable, abbé de Cluny, en 1147.

Parmi ses descendants, on distingue le chevalier Amé, dont Olivier de la Marche raconte les *Esbattements et Prouesses*, et qui vécut de 1400 à 1472 ; un abbé de Moustier-Saint-Jean en 1492 ; un seigneur de Balore en 1477, tige de la branche de Chamoigny, qui s'allia à la maison royale de Danemark ; un conseiller et chambellan de Charles VIII, capitaine de cinquante lances ; lieutenant général en Bourgogne ; un chambellan de Louis XII et colonel général des suisses ; un baron de Chantal, chevalier de l'ordre en 1570, capitaine de cinquante lances en 1589 ; le fils de ce dernier, mari de sainte Chantal ; le père de Mme de Sévigné ; un maréchal de camp en 1593, chevalier de l'ordre et auteur de *Mémoires militaires ;* un gentilhomme de la chambre d'Henri IV, lieutenant du roi en Nivernais, père du célèbre Roger, comte de Bussy ; un fils de Roger, évêque de Luçon, membre, comme son père, de l'Académie française. Entre autres alliances : Chasans. (*La Noblesse aux États de Bourgogne.*)

Les Damas d'Athie-Villiers et de Cormaillon portaient : *D'argent à une hie de sable à l'orle de six roses de gueules.* — Cette branche ayant possédé la terre de Missery, nous lui attribuerons Guillaume Damas, mari de Philiberte de Chasans, quoique l'ouvrage cité plus haut ne mentionne pas cette alliance, et nous copierons textuellement l'article qui la concerne.
— Cette famille dont on ne connaît rien avant Jacques

Damas, qui vivait au commencement du XIVe siècle, semble avoir porté primitivement les mêmes armes que l'illustre maison de Damas. On les voit encore en effet dans l'église de l'abbaye de Saint-Seine, sculptées avec un lambel pour marque de branche cadette, sur la tombe de Jeanne Damas, arrière-petite-fille de Jacques et femme de Jean de Fontette. L'oncle de cette dernière, Guillaume, épousa vers 1407 Catherine d'Athie, et devint seigneur, du chef de sa femme, de la terre d'Athie-Villiers, dont ses descendants ont porté le nom. On remarque parmi eux : Joachim, chevalier de l'ordre, et Jean, aussi chevalier de l'ordre, gentil-homme de la chambre, capitaine de cent hommes d'armes et gouverneur d'Auxerre, marié en 1566, à Nicolle, fille de Claude de Beauvau, seigneur de San-daucourt, sénéchal du Barrois. De ce mariage vinrent cinq filles, dont deux furent reçues à Remiremont, tandis que l'aînée, Marie, fut mariée à Nicolas de Fuligny, dit du Fay, qui reçut, par substitution de son beau-père, les seigneuries d'Allerey, Lochey et Reuillon, à charge de prendre le nom de Damas. — La branche des seigneurs de Cormaillon, Morande, le Fain et Courcelles-sous-Grignon, a été formée par Pierre Damas, marié à Marguerite de Créey en 1505 et inhumé dans l'église du Fain. Elle a fourni un lieutenant général des troupes du Danemark, gouverneur de Copenhague au XVIIe siècle ; elle a fait ses preuves pour Saint-Cyr en 1687, et est entrée aux États de Bour-gogne en 1576. — Guillaume Damas, mari de Philiberte de Chasans, ne serait-il pas le même que Guillaume Damas, mari de Catherine d'Athie ? — Les Damas de Cormaillon ont des comtes et des barons, entre autres : Maxence, baron de Damas, gouverneur de Monseigneur le duc de Bordeaux, et deux religieux de la Compagnie de Jésus. Les autres branches de la maison de Damas ont donné deux chevaliers des ordres du roi, deux ducs, trois pairs de France, quatre lieutenants généraux. Armes de Damas : *D'or à la croix ancrée de gueules.* Devise : *Et fortis et fidelis.*

Fuligny-Damas : *D'or à la croix ancrée*, alias *resarcelée de sable, chargée de cinq écussons d'argent bordés et engreslés de gueules.* La terre de Fuligny, relevant de la châtellenie de Soulaine en Champagne, a donné son nom à cette ancienne et noble famille, qui est entrée aux États en 1665, et qui remonte à François, chevalier banneret, inhumé en l'église de Fuligny en 1100. Son fils Thibaut, chevalier, fit don en 1178 à la Maison-Dieu de Bar-sur-Aube, pour le salut des âmes de ses ancêtres, d'autant de terre qu'une charrue en pouvait labourer dans l'étendue de sa seigneurie. On remarque parmi ses descendants : Guillaume, qui accompagna Saint-Louis à la Terre-Sainte ; Guillaume, capitaine du château de Brienne en 1367 ; Guillaume et Robert tués, le premier au siège d'Oiselet sous Louis XI, le second à la bataille de Ravenne en 1512 ; et Nicolas, chevalier de l'ordre, dont le fils, Jean-Nicolas, fut substitué au nom de Damas d'Athie, par le testament de Jean Damas, son aïeul maternel, en 1612. Du mariage de Jean-Nicolas avec une Pot-Rochechouart, naquit un fils, Henry-Anne, qui prit le titre de comte de Rochechouart, par substitution de son grand-oncle Philippe de Rochechouart-Chandenier. Enfin, cette famille, qui est entrée à Malte et aux chapitres de Lyon et de Remiremont, s'est encore alliée aux Bauffremont, Anglure, Guigue, du Fay, Vignoles, Bongards, Ligneville, Bonnot de Lantage, Berteau,

Balidart, Haussonville, Pons-Rennepont, Maygnier de la Salle, etc. Titre de marquis. (*La Noblesse aux États de Bourgogne.*)

Revenons à Geoffroy de Charny. Suivant Moréri, il descendait de Pons de Mont-Saint-Jean, seigneur de Charny et Chastelcensoy en partie, marié à Jeanne de Vergy, dame de Monfort, Savoisy, etc. Suivant Chasot de Montigny, Hugues, mari d'Élisabeth de Vergy, est la tige des seigneurs de Charny et de Mont-Saint-Jean, dont le dernier, Étienne IV, donna son château et sa terre de Saumaise à Robert de Bourgogne, comte de Tonnerre. Du reste Hugues était fils de Pons et avait épousé sa cousine. Les historiens ne sont pas d'accord sur la manière dont cette donation se fit: car Courtépée dit qu'Étienne, « après de vives disputes pour se soustraire à l'obéissance des ducs, s'accorda enfin avec Hugues IV en 1331, et se vit obligé de lui remettre son *château fort de Saumaise* pour 17,000 livres qu'il avait empruntées ; il lui avait déjà cédé par traité de 1325 ses trois fiefs de Charny, Chatellenot et Arconcey. »

Geoffroy de Charny, prisonnier des Anglais, avait été racheté par deux mille écus d'or payés par le roi qui l'établit lieutenant ou capitaine général des guerres de Picardie et des frontières de Normandie, et qui le chargea de la visite des places et forteresses, et des frontières de cette dernière province. La fille unique de son fils épousa en 1400 Humbert, seigneur de Bauffremont, et lui porta la terre de Charny.

Charny et Mont-Saint-Jean : *De gueules à trois écussons d'or.*

III

EXTRAIT DES ARCHIVES DÉPARTEMENTALES
DE LA CÔTE-D'OR

1276. Dame Bonne, veuve de Gérard de Chasans, cède à Philippe, comte de Savoie et de Bourgogne, Chasans et ses droits sur la prévôté de Roussillon (dans l'Autunois) pour vingt fortes.

1320. Jehan de Chazan tient du duc à Chazan et à Chambolle sa maison par terre et seize livres de terre, et une maison ou (*sic* pour au) château de Verger (*sic* pour Vergy).

1317. Mandat du receveur et quittance de Jacot de Chasan, écuyer, pour prix d'un cheval qui fut *affoulé ès dernières guerres de Gascogne. (Son sceau porte une bande accostée d'un filet ou trait au lambel de... à cinq pendants.)*

1355. Jacot de Chasant, écuyer, fils de M. Guillaume de Chasant et son *hoir*, seul et pour le tout, ratifie la vente d'une maison à Dijon pendant sa minorité par dame Marie, sa mère.

1359. Quittance au trésorier des guerres en Bourgogne par Jaque de Chasan, chevalier, pour ses gages et ceux de sa compagnie desservis aux frontières de Bourgogne. Le sceau porte *une bande côtoyée de deux cotices au lambel de... à cinq pendants.*

1360. Hugues de Chasan, l'un des nobles de la prévôté de Vergy et Nuits, qui ont payé le double dixième des revenus de leur terre pour l'impôt des moutons d'or.

1360. Messire Jaque de Chasant, le 10 juin, reprend de fief pour ce qu'il tient à Chasans nouvellement acquis de Guillemette d'Aubigny, dame de la Chaume.

1363. Le 20 mai, M. Jaque de Chasant, chevalier, acquit de Guill. de Marey. écuyer, six livrées de terre pour le prix de 58 florins que ledit Guill. assigne sur la ville et territoire de Flavignerot (*de Flavignereto*).

1372. Dénombrement de M. Jaque de Chasant, chevalier de la forte maison de Flavignerot et autres choses.

1376. La seigneurie de Chasans avait cinq feux.

Dans l'analyse des feux des bailliages de Beaune et de Nuits, on voit Lusigny à Jaque et Barthélemy de Chasant.

1376. Bertrand de Chasan, écuyer, 29 novembre.

1380. Bailliage de la montagne, châtellenie de Duesme. Fontaine-le-S. à enfants de Jehan de Biais ou Brais, à Bertrand de Chasan, à la dame du lieu et à Jean de Néelles, vers l'an 1380.

1392. Dénombrement du 28 avril où figurent les *hoirs* de feu M. Bertrand de Chasans.

1404. Dénombrement, donné le 2 décembre, de partie de la seigneurie de Fontaine-en-Duesmois, en toute justice, les hommes mainmortables, par Louis de Chasan, écuyer (la part allant de moitié, tant à cause du domaine de la femme de feu M. Eudes de Fontaine que autrement).

1405, mars. Prévôté de Salive. — Fontaigne-en-Duesmois. S. à Guyot de Biais et à Louis de Chasan.

1413. Copie ancienne, mais non signée, d'un acte de l'an 1413, par lequel Guyot de... et Jehannotte la Journée, sa femme, constituent six francs de rente à

Louis de Chasant, chevalier, sur leur terre de Charmoy près de Grenant.

1395 à 1405. Compte du commis pour le bailliage de Dijon, sur les nouveaux acquêts, faits depuis 40 ans sur les nobles, par les gens d'église et les gens non nobles, et les revenus des acquêts depuis la Saint-Jehan-Baptiste 1395 jusqu'à 1405. Ce compte est comme le relevé sur ces objets, des protocoles des notaires ; et il paraît que pour ces nouveaux, étaient poursuivis les particuliers qui acquéraient des nobles des héritages à cens perpétuel. — Fº 23, 6 et 7.

Meix donné à cens par Jacquot de Chasans, écuyer, Huguenin et Guillaume de Chassans, écuyers, frères, pour ce qu'ils avaient à Fixey et à Chambole, et depuis à Louis de Chassans, écuyer, pour une moitié à Oudot de Néelle, écuyer, à cause de sa femme, pour l'autre moitié.

1414. Dans un dénombrement du 10 juin figure Bertrand de Chasans en qualité de chevalier.

1423. Dans un dénombrement du 7 février donné par Guy de la Trémouille, seigneur d'Uchon, comte de Joigny et seigneur d'Antigny, on lit : *Le fief de la forte maison de Lusigny,* que tient au dit lieu M. Louis de Chasant, chevalier.

1442. Prévôté de Sercey. — Fontoites. *Hommes serfs,* abonnés, aux hoirs de M. Louis de Chasan et Jehan de Fontoites.

1364 à 1443. Analyse du terrier de la châtellenie de Vergy en 1443. — Dans la liste de plusieurs gentils-hommes qui *soulaient* devoir la garde au château de Vergy, quand on *doutait* d'ennemis en temps de guerre, pour chacune garde toujours *à leurs dépens,* comme il appert par les comptes de feu Jehan de Villers, jadis châtelain de Vergy, mesmement pour son compte de la châtellenie, commençant le jour de la Saint-Martin 1364, figure messire Jaque de Chasan.

1460. Prévôté de Sercey. — Fontétes à Jehan de Fontétes et Barthélemy de Chazan.

1474. Dénombrement par ordre du duc. On y lit : « Claude de Courdassé, écuyer, à cause de Guyote du Pin, sa femme, comme *balliste* de ses enfants du corps de feu Jacques de Chasan, son mari, tient la seigneurie de Lusigny mouvante du château d'Antigny et les trois parts de Grandmond en toute justice, mouvant du château de Molinot, arrière-fief du duc. It. le Grau de Chasant, franc-aleu et toute justice en la prévôté de Vergy. »

1481. Reprise de fief et dénombrement, du 30 avril et du 24 novembre, de partie de la terre de Chambeuf. Dans un acte à la suite, il est question de Louis de Chasan, écuyer, seigneur de Chasan, qui, le 23 février 1481, avait rendu le meix Choiseault et ses dépendances, situé audit Chambeuf, à Messire Jehan Esmonin, chanoine de Vergy, lequel en fait don à son chapitre en 1520.

1584. Philibert de Chasan, fils de noble seigneur Monseigneur de Chasan et de demoiselle Suzanne de Chambray, baptisé le 20 mars 1584, a eu pour parrain noble Philibert de la Mare, mayeur de la ville de Beaune, seigneur de Chevigny, et Me Mathieu Richard, avocat; il a pour marraine dame Barbe de la Mare, veuve de feu Louis Richard, seigneur de Beligny. (Manuscrit de M. Gillot.)

1597. Le 1 novembre, partage d'un grand nombre d'héritages, y détaillés, situés à Varange, Marlieu et lieux voisins, entre les Jacquot et Philippe le Grand,

et Guillaume le Grand, écuyers, seigneur en partie de
Sainte-Colombe et du Châtelet, et Jehan de Chasan,
aussi écuyer, au nom de damoiselle Marguerite Le
Grand, sa femme, dame en partie desdits lieux : les
S⁰ˢ et damoiselle Le Grand, héritiers chacun pour une
tierce partie de feu damoiselle Thomasse Jacquot, leur
mère, veuve de Nicolas Le Grand, Sʳ des lieux de
Sainte-Colombe et du Châtelet.

1599. Le pénultième juillet, noble Jehan-Baptiste Le
Grand, conseiller du roi, Nʳᵉ et secrétaire de la maison
et couronne de France, d'une part, et Philippe et
Guillaume Le Grand, écuyers, et damoiselle Marguerite
Le Grand, femme de Jehan de Chasan, écuyer, Sʳ de
Sainte-Colombe-les-Châtillon, enfants seuls et uniques
héritiers de feu noble Nicolas le Grand, écuyer, Sʳ de
Sainte-Colombe, conseiller-maitre des comptes à Dijon,
et damoiselle Thomasse Jacquot, ont traité entre eux
pour accélérer la vente de la seigneurie de Sainte-
Colombe, mise en criée au bailliage de la Montagne,
à la requête de damoiselle Marie Tisserand, veuve
d'Antoine Le Grand, président en la Chambre des
comptes, lesd. Philippe, Guillaume, et damoiselle
Marguerite le Grand ; lad. seigneurie de Sainte-
Colombe en toute justice, y compris la maison du
Châtelet, située dans la rue de Chaumont de Châ-
tillon, etc.

1600. Le 9 septembre, cession faite par noble
Philippe Le Grand, ci-devant, seigneur de Sainte-Colombe à damoiselle Marguerite Le Grand, sa sœur,
femme de noble Jehan de Chasan, de certaine rente
provenant de feu noble Nicolas Le Grand, sieur de
Sainte-Colombe, leur père, et ce en suite d'un accord
fait entre eux judiciellement en la chancellerie de

Châtillon-sur-Seine, le 23 mars dernier (témoin, noble Guillaume Le Grand, leur frère et beau-frère).

1620. Baptême de Marc-Antoine de Chazan, fils de noble François de Chazan, maitre d'hôtel de Monseigneur frère du roi, et de damoiselle Marguerite Jacquotot. Parrain, Marc-Antoine de la Tour, seigneur de Villars. Le 27 avril 1620.

1677. Décès de Jehan de Chazan.

François et Jehan, que l'on vient de nommer, étaient fils de Jérôme de Saumaise, seigneur de Chasans, Curley, Chambeuf, Villars-Fontaine, Nanteuil, Maligny, etc., conseiller doyen du Parlement de Bourgogne, et de Catherine de Latour, sœur de Marc-Antoine de la Tour, ou de Latour, seigneur de Villars-Fontaine.

Si, à partir de 1320 à 1581, on doit voir des Saumaise, *ayant relevé légalement le nom de Chasans,* à partir de la fin du XVIe siècle, on ne peut plus voir que des Saumaise *oubliant leur nom patronymique.*

IV

HISTOIRE GÉNÉALOGIQUE DE LA MAISON DE VERGY, JUSTIFIÉE PAR CHARTES, TILTRES, ARRÊTS, ET AUTRES BONNES ET CERTAINES PREUVES, ENRICHIE DE PLUSIEURS FIGURES ET DIVISÉE EN DIX LIVRES.

Par André DU CHESNE tourangeau, géographe du roi.

A Paris, chez Sébastien Cramoisy, rue Saint-Jacques aux Cignes.

MDCXXV

(Extraits)

EPISTRE

Les excellences et grandeurs de la maison de Vergy.

· ·

Car on y void la valeur qui, disputant le prix à l'antiquité de la race, a fait exercer tant de prouesses aux seigneurs de cette maison qu'iis en ont acquis le rare et glorieux épithète de Preux. La piété s'y rencontre aymée et cultivée par eux si religieusement que les précieux monuments qu'ils lui ont dressez, en dotant de leurs biens une infinité d'églises et de monastères, ont combattu les siècles pour la conservation de leur mémoire. Et surtout y paroist la fidélité au service de leurs princes, en laquelle ils sont toujours demeurez si fermes, sans varier, qu'ils n'ont jamais eu de plus belle âme pour animer leur devise.

Vous remarquerez aussi par la même histoire, qu'il n'y a point eu d'honneurs et de dignités, ni de charges relevées, auxquelles ils ne soient dignement et glorieusement parvenus. Car elle enseigne qu'en l'Eglise ils ont porté la pourpre des cardinaux, la mitre des archevesques et évesques, et la crosse des abbés, que les grandes villes ont reçu d'eux des capitaines, les provinces des gouverneurs et les armées des lieutenantsgénéraux ; qu'il y en a eu des mareschaux de France et de Bourgongne, et d'autres choisis pour exécuter les plus importantes ambassades. . . . .

. . . .

Mais, outre cela, les hautes et puissantes alliances, qui reluisent en cette maison de Vergy, ne doivent pas entrer au compte de ses plus communs avantages. Car elle s'est veue alliée en divers temps aux empires d'Allemagne et de Constantinople et aux couronnes de France, de Provence et d'Italie. Les maisons de Bourgogne, de Lorraine, de Flandres, de Nevers, de Dammartin, de Fruyères (*sic* pour Gruyères), de Montbéliard, de Joinville et quantité d'autres, très anciennes et illustres, lui ont donné des femmes. Elle en a fourni

à celles de Vermandois, de Champagne, de Vaudemont, de Genève, de Saint-Paul, de Bar, de Poitiers,
de Fribourg, et à diverses autres très nobles et fort
relevées, comme il se prouve particulièrement. Mesme
que deux ducs de Bourgogne lui ont fait l'honneur,
l'un de rechercher son alliance pour un prince de la
maison de Bourbon, son nepveu, et l'autre d'espouser
une de ses filles : estant vrai que, par la félicité de
telles nopces, plusieurs empereurs, roys, ducs, et autres
princes souverains sont descendus de son sang.

A quoy si l'on adjouste les grandes seigneuries, que
la mesme famille a tenues, on recognoistra que ses
mérites, joingts à la splendeur de sa noblesse, ont
affermy en elle une très éminente grandeur. Car quelle
prérogative lui est d'avoir en sa lignée masculine un
prince qui a possédé le duché de Bourgogne et l'a
transmis par mariage à la maison royale de France !
Les comtés d'Autun, d'Auxois, de Beaune et de
Chalon estoient le premier et le plus ancien héritage
des siens, ainsi que la seigneurie de Vergy, qu'ils
possédoient comme en souveraineté. Ensuite ils ont
obtenu celles de Nevers, de Dammartin, de Gruyères
et diverses autres très riches et belles terres, dont ils
se sont veus jouyssans. . . . .
. . . .

TABLE DES ALLIANCES DE LA MAISON DE VERGY

Aban. Amboise. Anglure. Arberg. Arguel. Auxonne.
Chalon. Bar. Bauffremont. Beaufort. Beaumont-sur-
Vingenne. Blaisy. Blammont. Bourgongne. Brancion.
Buffignecourt. Chabot. Chalon. Champagne. San-

cerre. Charny. Chasteauneuf-en-Timerais. Chastillon-
Saint-Paul. Saint-Chéron. Choiseul. Cicon. Colligny.
Courcelles. Courtenay. Nevers. Cusance. Dammartin.
Dintville. Saint-Dizier. Flandres. Dumay. Faucigny.
Fouvens. Fossé. France. Fribourg. Genève. Gouth.
Granson. Gruères. Haraucourt. Joinville. Jonvelle-sur-
Saône. Longuy. Lorraine. Saint-Loup. Lusignan.
Miolans. Montbéliard. Monfaucon. Montmartin, Mont-
Saint-Jean. Neufchastel. Noyers. Oiselet. Poilly.
Poitiers-Valentinois. Pontallier. Ray. Ribeaupierre.
Rigney. Riche. Rochechouard. Roche-Guyon. Rouge-
mont. Roussillon. Rupt. Salins. Salon. Saulx. Saint-
Seigne. Semur. Suève. Thomassin. Toulongeon.
Trainel. Trimouille. Joigny. Vaudemont. Verchin-
Barbançon. Vermandois. Vienne. Viry. Voufflans.

A ces alliances, il faut ajouter celle des *Chasans*,
puisque à la p. 388 du même ouvrage, on lit : N... de
Vergy, fut mariée au seigneur de Chasant, qui portait
pour armoiries : *Cotticé de sinople et d'argent de huit
pièces à la bordure de gueules.* Alias *bandé d'azur et
d'or de six pièces, la seconde bande chargée de trois
macles de gueules.*

Et d'eux naquit entre autres enfants Yves de Chasant,
lequel succéda à Yves de Vergy, son oncle, en l'abbaye
de Cluny.

De son côté le *Necrologium historicum Cluniacense*
dit, comme nous l'avons vu, qu'Yves de Chasans était
fils de Bertrand, seigneur de Chasans, et d'Adélaïde de
Vergy.

V

GÉNÉALOGIE DES SIRES DE VERGY
par Chasot de Nantigny

Première maison.

I. Varin ou Guérin, comte d'Auvergne, de Mâcon et de Chalon-sur-Saône, marquis de Bourgogne, duc d'Aquitaine, seigneur de Vergy, † 856, épousa Ava, *alias* Avane ou Albane. Vergy : *De gueules à trois quintefeuilles ou roses à cinq feuilles d'or.*

II. Théodoric Ier, chambrier de France en 875, comte de Bourgogne, Mâcon, Chalon et Autun, seigneur de Vergy, † 880, épousa N..., sœur de Hugues l'abbé et fille de Conrad, comte d'Auxerre.

III. Manassès Ier, dit le Vieux, ou le Viel, comte de Chalon, d'Auxois, de Beaune et de Dijon, seigneur de Vergy, épousa Hermangarde.

IV. Manassès II, comte d'Auxois et de Dijon, seigneur de Vergy.

V. Rodolphe, comte d'Auxois et de Dijon, seigneur de Vergy.

VI. Walon, seigneur de Vergy en 990, épousa Judith.

VII. Girard, seigneur de Vergy, dont la fille :

Deuxième maison.

VIII. Élisabeth, dame de Vergy, épousa Savaric de Semur, comte de Chalon, seigneur de Chateleensoi, second fils de Geoffroy, de Semur-en-Brionnais, seigneur de Donzy, comte de Chalon et seigneur en partie de Chatelcensoi, en fit la tige de la seconde maison de Vergy et en eut, entre autres enfants, Hervé et Simon. (Semur : *Cottice d'argent et de gueules*).

IX. Hervé, seigneur de Vergy et de Chatelcensoi en partie et père d'Élisabeth, dame en partie de Vergy, femme de Hugues, chevalier, seigneur de Mont-Saint-Jean (*de gueules à trois écussons d'or*), tige des seigneurs de Charny et de Mont-Saint-Jean, dont le dernier, Étienne IV, seigneur de Mont-Saint-Jean et de Saumaise, donna son château et sa terre de Saumaise à Robert de Bourgogne, comte de Tonnerre, par son testament de 1333.

IX. Simon, seigneur de Vergy et de Chatel-censoi † 1140, épousa Élisabeth.

X. Guy, seigneur de Vergy, vivant en 1204, épousa Alix, dame de Beaumont-sur-Vingeanne.

XI. Renaud, évêque de Mâcon, vers 1192. — Hugues, croisé en 1190, seigneur de Vergy, d'Autrey et de Cha-telcensoi † 1202, épousa en 1175, Gilles, fille de Garnier, seigneur du Trainel, dont il eut, entre autres enfants, Alix, dame de Vergy, mariée en 1199 à Eudes III, duc de Bourgogne, Guillaume, sénéchal de Bourgogne, tige des seigneurs de Mirebeau et de Champlitte, et Simon de Vergy, second fils de Guy et tige des seigneurs de Beaumont, dont il prit les armes : *D'azur à trois tours de sinople, maçonnées et crénelées de gueules*. Il mourut en 1187.

XII. Hugues de Vergy, seigneur de Beaumont † 1254, épousa Alix de Saint-Seigne, dont il eut quatre fils † sans postérité.

XIII. Jean, l'aîné, ne se maria pas, et les trois autres se firent Bénédictins. Les deux derniers, Miles et

Hugues, furent successivement prieurs de Saint-Martin-des-Champs à Paris, et le puîné Yves de Vergy (*alias* de Poisey) † 1275, devint abbé de Cluny. Ils avaient une sœur mariée au seigneur de Chasans dont elle eut :

XIV. Yves de Chasans, successeur de son oncle dans l'abbaye de Cluny.

Le *Necrologium historicum Cluniacense* nous apprend que le père d'Yves de Chasans se nommait *Bertrand* et sa mère *Adélaïde*.

Dom Simon Crevoisier dit qu'Aymon de Chasans, chambrier de Cluny, administrait en 1277, 1281 et 1287, le prieuré de Saint-Vivant à Arcenant. Ce devait être le frère d'Yves. Le même auteur donnant saint Guérin ou Warin pour premier auteur de la maison de Vergy, il est à propos de dire sur lui quelques mots que nous empruntons à l'*Histoire de saint Léger, évêque d'Autun*, par Dom Pitra, depuis cardinal, évêque, sous-doyen du Sacré Collège de Porto et Santa Rufina, après avoir été évêque de Frascati.

Saint Guérin ou Warin, martyrisé en 673 par les émissaires d'Ébroin, était comte de Poitiers et du palais et seigneur de Vergy. Il était frère de saint Léger, évêque d'Autun et ministre de la reine sainte Bathilde. Sainte Sigrade, leur mère, était sœur de Béreswinde, femme d'Athalaric (*alias Athic* ou *Ethic*), duc d'Alsace en 662, qualifié aussi duc des Suèves et des Allemands, et tige des ducs d'Alsace, des comtes en Alsace etc., etc. Leur famille était alliée de près à la seconde et à la troisième race de nos rois, si elle ne remontait pas aux Mérovingiens. La postérité d'Athalaric a produit de grands capitaines, des rois, des empereurs, tels que Robert le Fort, Hugues Capet, Rodolphe de Habsburg et Maximilien d'Autriche, de

saintes femmes, des vierges, des anachorètes, des
évêques, des papes consacrés par la lutte de l'Église, et
en si grand nombre que l'année entière ne peut suffire
à leurs fêtes. L'*Annus sanctus Habsburgis-Austriacus*
compte 500 saints bienheureux ou vénérables.

VI

Costumes historiques de la France par le bibliophile
Jacob, t. VI, p. 35 :

Charlotte Saumaise de Chasans, comtesse de Brégy.
La robe de dessus est brun clair ; les extrémités des
basques et les coutures du pourpoint sont chargées
d'une riche broderie d'or, les manches se terminent par
un galon incarnat à dessins d'or et à franges incarnat ;
la robe de dessus est bleu azur, avec des dessins d'argent, les manches formées de bandes blanches à dessins
d'or, sont posées sur une étoffe bleu azur. La collerette
de point de dentelle et les manchettes sont blanches. Le
collier consiste en un rang de perles blanches. Les
boucles d'oreilles sont en or. La coiffure à boucles
flottantes est ornée d'une voilette blanche. La ceinture
bordée d'or est incarnat.

VII

Monitoire publié dans les églises de Dijon en 1655.
Officialis Lingonensis, etc., omnibus et singulis
parochis ubi opus fuerit præsentes publicari aut eorum
vicariis, salutem.
De la part de messire Pierre de Saumaise de Chasans,
conseiller du roi en ses conseils et parlement de Bour-

gogne ; tous fidèles et bons catholiques enfants de la
sainte Église ennemie du mensonge, directement opposé
à Dieu, qui est la vérité et la lumière, sont très humble-
ment suppliés en vertu des présentes lettres monito-
riales accordées par M. l'Official de l'Évêché de Langres, ensuite de l'arrêt de Nosseigneurs du parlement
de Paris de cette année 1655, qui les a jugés nécessaires suivant les saints canons et ordonnances royaux,
de vouloir déposer la vérité tout entière, sans aucune
restriction mentale, pardevant M. le Juge royal commis
par ledit arrêt, sur le sujet des présentes lettres moni-
toriales conçues sous peine d'excommunication, afin de
tirer d'oppression ledit sieur de Chasans, partie con-
trainte et forcée depuis dix-huit années pour la défense
de son honneur, de ses biens, de sa vie et de ses enfants,
contre plusieurs accusés et complices des mêmes crimes,
assassinats nocturnes, meurtres, empoisonnements,
suppressions et corruptions des actes judiciels pour
faire périr ledit sieur de Chasans par défaut de preuves,
après l'avoir engagé, forcé et violenté d'être partie de
la même femme, qui lui a fait en même temps suppri-
mer les principales preuves qui étaient acquises contre
elle par lesdits actes, et puis l'a évoqué par ses collu-
sions que Dieu voit, huit ans après sa condamnation à
mort par contumace, afin d'ôter aux bons juges la
connaissance de la corruption desdits actes qu'ils sa-
vaient être remplis desdites preuves...

(Suivent les principales accusations).

VIII

CERTIFICAT, POUR JEAN PHILIBERT DU BARD DE TER-
NANT, OFFICIER AU CORPS ROYAL DU GÉNIE

Nous soussignés, Jean-Baptiste-Bénigne de la Marre,
chevalier, seigneur d'Aluze, Blandin et autres lieux,
lieutenant de Nosseigneurs les maréchaux de France,
grand bailllif de la noblesse de Bourgogne,

Étienne Quarré, chevalier, comte d'Aligny, chevalier de l'Ordre de Saint-Louis, grand baillif de la noblesse du Charolais,

Abraham-Jacques-Durand d'Aubigny, chevalier,
baron de Montmain, seigneur de Grosbois et autres
lieux, ci-devant ministre plénipotentiaire pour le roi
près les cours de Dresde et d'Allemagne,

Nicolas de Charrière, écuyer, ancien capitaine du
régiment de Saxe Allemand, chevalier de l'ordre de
Saint-Louis,

Tous demeurant à Beaune,

Certifions à tous qu'il appartiendra, qu'il est de notre
connaissance, que Philibert-Jean du Bard de Ternant,
écuyer, est fils de Bénigne André-Charles du Bard de
Chasans, écuyer, seigneur de Chasans, Curley, Ternant, Semesanges et autres lieux, conseiller, maitre
ordinaire en la Chambre et cour des comptes, aides,
domaines et finances du comté de Bourgogne, et
d'Étiennette-Françoise Barrault, fille de Nicolas-Jean
Barrault, ancien élu de la province de Bourgogne ;
petit-fils de Marc-Antoine du Bard, seigneur de Chasans et de Curley, et de dame Françoise-Vergnette de
Lamotte ; et arrière-petit-fils d'Antoine du Bard,
greffier en chef héréditaire en la chastellenie royale de

Vergy, et de Marie de Saumaise, dame de Chasans et de Curley, laquelle famille de Saumaise a produit plusieurs magistrats importants, des chevaliers de l'ordre du Roy et de Malte, des officiers de distinction, et des dames de la chambre de la reine.

Certifions en outre que ledit Philippe du Bard de Ternant est parent à M. du Vigneau, chevalier, ancien capitaine d'infanterie, chevalier de Saint-Louis.

Et à M. du Vigneau, son neveu, chevalier, colonel d'infanterie, chevalier de Saint-Louis, commandant l'école royale du génie,

A M. de Fleutelot, seigneur de Belleure, conseiller au parlement,

A M. Vergnette, seigneur de la Motte, maitre des comptes à Dijon,

A M. Vergnette de la Motte, capitaine au régiment de Condé,

A MM. Berbis et Corcelles, officiers aux gardes françaises et au régiment de Navarre,

A Mme la comtesse de Rochepot, baronne de Meursault et de Saint-Romain,

A M. Ganniard de Baissey, écuyer, seigneur de Joursanvault, Baissey-la-Cour et autres lieux,

A M. Ganniard de Joursanvault, chevalier, chevauléger de la garde ordinaire du Roy,

Et à plusieurs autres personnes de la province, distinguées dans la robe et dans l'épée.

En foi de tout ce que dessus, nous avons donné le présent certificat, pour valoir et servir ce que de raison, et y avons apposé le sceau de nos armes.

A Beaune, le 19 décembre 1769.

Un certificat semblable fut donné à Louis-François-Henri du Bard de Chasans, second fils de Bénigne.

CONCLUSION

Salmaise a perdu depuis longtemps ses fossés et ses murailles. De Vergy, de son imprenable forteresse, de sa riche abbaye, de ses quatre églises, de son bourg populeux, il reste l'édifice paroissial dédié à saint Saturnin. Chasans est un pan de mur. Les Saumaise sont éteints dans toutes leurs lignes masculines. Le dernier descendant des Saumaise qui ait porté le nom de Chasans fut Louis-François-Henri du Bard de Chasans, chevalier de Saint-Louis. La Révolution de 1830 le trouva commandant de la citadelle de Besançon. Ne pouvant résister, et ne voulant pas faciliter par une démission la tâche des vainqueurs, le vétéran des armées condéennes refusa le serment au Gouvernement nouveau.

Cette histoire avait été ébauchée par mon père.

Je l'ai complétée.

Paray-le-Monial, le 1ᵉʳ janvier 1884.

Jules du BARD DE CURLEY.

FIN

INDEX

FIN DE L'INDEX

TABLE DES MATIÈRES

FIN DE LA TABLE

CHALON-SUR-SAÔNE, IMPRIMERIE DE L. MARCEAU.

www.ingramcontent.com/pod-product-compliance
Lightning Source LLC
Chambersburg PA
CBHW070752290326
41931CB00011BA/1984